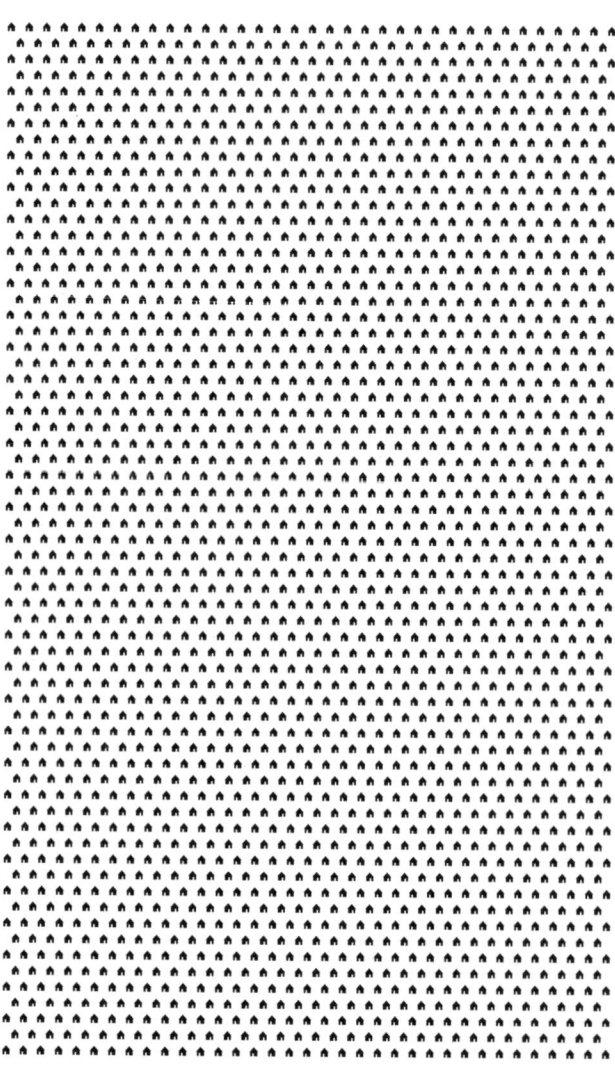

JOHANN PETER HEBEL

Schatzkästlein

Ausgewählt von
Richard Müller-Schmitt

Philipp Reclam jun. Stuttgart

Inhalt

Kannitverstan

Der Mensch hat wohl täglich Gelegenheit, in Emmendingen und Gundelfingen, so gut als in Amsterdam Betrachtungen über den Unbestand aller irdischen Dinge anzustellen, wenn er will, und zufrieden zu werden mit seinem Schicksal, wenn auch nicht viel gebratene Tauben für ihn in der Luft herumfliegen. Aber auf dem seltsamsten Umweg kam ein deutscher Handwerksbursche in Amsterdam durch den Irrtum zur Wahrheit und zu ihrer Erkenntnis. Denn als er in diese große und reiche Handelsstadt, voll prächtiger Häuser, wogender Schiffe und geschäftiger Menschen, gekommen war, fiel ihm sogleich ein großes und schönes Haus in die Augen, wie er auf seiner ganzen Wanderschaft von Duttlingen bis nach Amsterdam noch keines erlebt hatte. Lange betrachtete er mit Verwunderung dies kostbare Gebäude, die 6 Kamine auf dem Dach, die schönen Gesimse und die hohen Fenster, größer als an des Vaters Haus daheim die Tür. Endlich konnte er sich nicht entbrechen, einen Vorübergehenden anzureden. »Guter Freund«, redete er ihn an, »könnt Ihr mir nicht sagen, wie der Herr heißt, dem dieses wunderschöne Haus gehört mit den Fenstern voll Tulipanen, Sternenblumen und Levkojen?« – Der Mann aber, der vermutlich etwas Wichtigeres zu tun hatte, und zum Unglück gerade so viel von der deutschen Sprache verstand, als der

Fragende von der holländischen, nämlich nichts, sagte kurz und schnauzig: *»Kannitverstan«*; und schnurrte vorüber. Dies war ein holländisches Wort, oder drei, wenn man's recht betrachtet, und heißt auf deutsch soviel, als: *Ich kann Euch nicht verstehn.* Aber der gute Fremdling glaubte, es sei der Name des Mannes, nach dem er gefragt hatte. Das muss ein grundreicher Mann sein, der Herr Kannitverstan, dachte er, und ging weiter. Gass aus Gass ein kam er endlich an den Meerbusen, der da heißt: Het Ey, oder auf deutsch: das Ypsilon. Da stand nun Schiff an Schiff, und Mastbaum an Mastbaum; und er wusste anfänglich nicht, wie er es mit seinen zwei einzigen Augen durchfechten werde, alle diese Merkwürdigkeiten genug zu sehen und zu betrachten, bis endlich ein großes Schiff seine Aufmerksamkeit an sich zog, das vor kurzem aus Ostindien angelangt war, und jetzt eben ausgeladen wurde. Schon standen ganze Reihen von Kisten und Ballen auf- und nebeneinander am Lande. Noch immer wurden mehrere herausgewälzt, und Fässer voll Zucker und Kaffee, voll Reis und Pfeffer, und salveni Mausdreck darunter. Als er aber lange zugesehn hatte, fragte er endlich einen, der eben eine Kiste auf der Achsel heraustrug, wie der glückliche Mann heiße, dem das Meer alle diese Waren an das Land bringe. *»Kannitverstan«*, war die Antwort. Da dachte er: Haha, schaut's da heraus? Kein Wunder, wenn das Meer solche Reichtümer an das Land schwemmt, der hat gut solche Häuser in die Welt stellen, und solcherlei Tulipanen vor die Fenster in vergoldeten Scherben. Jetzt ging er wieder zurück, und stellte eine recht traurige Betrachtung bei sich selbst an, was er für ein armer Mensch sei unter so viel reichen Leuten in der Welt. Aber als er eben dachte: Wenn ich's doch nur auch einmal so gut bekäme, wie dieser Herr Kannitverstan es hat, kam er um eine Ecke, und erblickte einen großen Leichenzug. Vier schwarz vermummte Pferde zogen einen ebenfalls schwarz überzogenen Leichenwagen langsam und traurig, als ob sie wüssten, dass sie einen Toten in seine Ruhe führten. Ein langer Zug von Freunden und Bekannten des Verstorbenen folgte nach, Paar und Paar, verhüllt in schwarze Mäntel, und stumm. In der Ferne läutete ein einsames Glöcklein. Jetzt ergriff unsern Fremdling ein wehmütiges Gefühl, das an keinem guten Menschen vorübergeht, wenn er eine Leiche sieht, und blieb mit dem Hut in den Händen andächtig stehen, bis alles vorüber war. Doch machte er sich an den letzten vom Zug, der eben in der Stille ausrechnete, was er an seiner Baumwolle gewinnen könnte, wenn der Zentner um 10 Gulden aufschlüge, ergriff ihn sachte am Mantel, und bat ihn treuherzig um Exküse. »Das muss wohl auch ein guter Freund von Euch gewesen sein«, sagte er, »dem das Glöcklein läutet, dass Ihr so betrübt und nachdenklich mitgeht.« »*Kannitverstan!*«, war

9

die Antwort. Da fielen unserm guten Duttlinger ein paar große Tränen aus den Augen, und es ward ihm auf einmal schwer und wieder leicht ums Herz. »Armer Kannitverstan«, rief er aus, »was hast du nun von allem deinem Reichtum? Was ich einst von meiner Armut auch bekomme: ein Totenkleid und ein Leintuch, und von allen deinen schönen Blumen vielleicht einen Rosmarin auf die kalte Brust, oder eine Raute.« Mit diesen Gedanken begleitete er die Leiche, als wenn er dazu gehörte, bis ans Grab, sah den vermeinten Herrn Kannitverstan hinabsenken in seine Ruhestätte, und ward von der holländischen Leichenpredigt, von der er kein Wort verstand, mehr gerührt, als von mancher deutschen, auf die er nicht achtgab. Endlich ging er leichten Herzens mit den andern wieder fort, verzehrte in einer Herberge, wo man Deutsch verstand, mit gutem Appetit ein Stück Limburger Käse, und, wenn es ihm wieder einmal schwerfallen wollte, dass so viele Leute in der Welt so reich seien, und er so arm, so dachte er nur an den Herrn Kannitverstan in Amsterdam, an sein großes Haus, an sein reiches Schiff, und an sein enges Grab.

Denkwürdigkeiten aus dem Morgenlande

1

In der Türkei, wo es bisweilen etwas ungerade herge-
hen soll, trieb ein reicher und vornehmer Mann einen
Armen, der ihn um eine Wohltat anflehte, mit Schelt-
worten und Schlägen von sich ab, und als er ihn nicht
mehr erreichen konnte, warf er ihn noch mit einem
Stein. Die es sahen, verdross es, aber niemand konnte
erraten, warum der arme Mann den Stein aufhob,
und ohne ein Wort zu sagen, in die Tasche steckte,
und niemand dachte daran, dass er ihn von nun an so
bei sich tragen würde. Aber das tat er. Nach Jahr und
Tag hatte der reiche Mann ein Unglück, nämlich er
verübte einen Spitzbubenstreich, und wurde deswegen nicht nur seines Vermögens verlustig, sondern er
musste auch nach dortiger Sitte zur Schau und Schan-
de, rückwärts, auf einen Esel gesetzt, durch die Stadt
reiten. An Spott und Schimpf fehlte es nicht, und der
Mann mit dem rätselhaften Stein in der Tasche stand
unter den Zuschauern eben auch da, und erkannte
seinen Beleidiger. Jetzt fuhr er schnell mit der Hand
in die Tasche; jetzt griff er nach dem Stein; jetzt hob
er ihn schon in die Höhe, um ihn wieder nach seinem
Beleidiger zu werfen, und wie von einem guten Geist
gewarnt, ließ er ihn wieder fallen, und ging mit einem
bewegten Gesicht davon.

Daraus kann man lernen: Erstens, man soll im Glück nicht übermütig, nicht unfreundlich und beleidigend gegen geringe und arme Menschen sein. Denn es kann vor Nacht leicht anders werden, als es am frühen Morgen war, und »wer dir als Freund nichts nützen kann, der kann vielleicht als Feind dir schaden«. Zweitens, man soll seinem Feind keinen Stein in der Tasche, und keine Rache im Herzen nachtragen. Denn als der arme Mann den seinen auf die Erde fallen ließ und davonging, sprach er zu sich selber so: »Rache an dem Feind auszuüben, solange er reich und glücklich war, das war töricht und gefährlich; jetzt, wo er unglücklich ist, wäre es unmenschlich und schändlich.«

2

Ein anderer meinte, es sei schön, Gutes zu tun an seinen Freunden, und Böses an seinen Feinden. Aber noch ein anderer erwiderte: *das* sei schön, an den Freunden Gutes zu tun, und die Feinde zu Freunden zu machen.

3

Es ist doch nicht alles so uneben, was die Morgenländer sagen und tun.

Einer, namens Lockmann, wurde gefragt, wo er seine feinen und wohlgefälligen Sitten gelernt habe?

Er antwortete: »Bei lauter unhöflichen und groben Menschen. Ich habe immer das Gegenteil von demjenigen getan, was mir an ihnen nicht gefallen hat.«

4

Ein anderer entdeckte seinem Freund das Geheimnis, durch dessen Kraft er mit den zanksüchtigen Leuten immer im guten Frieden ausgekommen sei. Er sagte so: »Ein verständiger Mann und ein törichter Mann können nicht einen Strohhalm miteinander zerreißen. Denn wenn der Tor zieht, so lässt der Verständige nach, und wenn jener nachlässt, so zieht dieser. Aber wenn zwei Unverständige zusammenkommen, so zerreißen sie eiserne Ketten.«

Das wohlfeile Mittagessen

Es ist ein altes Sprüchwort: Wer andern eine Grube gräbt, fällt selber darein. – Aber der Löwenwirt in einem gewissen Städtlein war schon vorher darin. Zu diesem kam ein wohlgekleideter Gast. Kurz und trotzig verlangte er für *sein* Geld eine gute Fleischsuppe. Hierauf forderte er auch ein Stück Rindfleisch und ein Gemüs, für sein Geld. Der Wirt fragte ganz höflich: ob ihm nicht auch ein Glas Wein beliebe? »O freilich ja«, erwiderte der Gast, »wenn ich etwas Gutes haben kann für mein Geld.« Nachdem er sich alles wohl hatte schmecken lassen, zog er einen abgeschliffenen Sechser aus der Tasche, und sagte: »Hier, Herr Wirt, ist *mein* Geld.« Der Wirt sagte: »Was soll das heißen? Seid Ihr mir nicht einen Taler schuldig?« Der Gast erwiderte: »Ich habe für keinen Taler Speise von Euch verlangt, sondern für *mein Geld*. Hier ist *mein Geld*. Mehr hab ich nicht. Habt Ihr mir zuviel dafür gegeben, so ist's Eure Schuld.« – Dieser Einfall war eigentlich nicht weit her. Es gehörte nur Unverschämtheit dazu, und ein unbekümmertes Gemüt, wie es am Ende ablaufen werde. Aber das Beste kommt noch. »Ihr seid ein durchtriebener Schalk«, erwiderte der Wirt, »und hättet wohl etwas anders verdient. Aber ich schenke Euch das Mittagessen und hier noch ein Vierundzwanzigkreuzerstück dazu. Nur seid stille zur Sache, und geht zu meinem Nachbarn, dem Bärenwirt, und macht es ihm ebenso.« Das sagte er, weil er mit seinem Nachbarn, dem Bärenwirt, aus Brotneid im Unfrieden lebte, und einer dem andern jeglichen Tort und Schimpf gerne antat und erwiderte. Aber der schlaue Gast griff lächelnd mit der einen Hand nach dem angebotenen Geld, mit der andern vorsichtig nach der Türe, wünschte dem Wirt einen guten Abend, und sagte: »Bei Eurem Nachbarn, dem Herrn Bärenwirt, bin ich schon gewesen, und eben der hat mich zu Euch geschickt und kein anderer.«

So waren im Grunde beide hintergangen, und der dritte hatte den Nutzen davon. Aber der listige Kunde hätte sich noch obendrein einen schönen Dank von beiden verdient, wenn sie eine gute Lehre daraus gezogen, und sich miteinander ausgesöhnt hätten. Denn Frieden ernährt, aber Unfrieden verzehrt.

Das Mittagessen im Hof

Man klagt häufig darüber, wie schwer und unmöglich es sei, mit manchen Menschen auszukommen. Das mag denn freilich auch wahr sein. Indessen sind viele von solchen Menschen nicht schlimm, sondern nur wunderlich, und wenn man sie nur immer recht kennte, inwendig und auswendig, und recht mit ihnen umzugehen wüsste, nie zu eigensinnig und nie zu nachgebend, so wäre mancher wohl und leicht zur Besinnung zu bringen. Das ist doch einem Bedienten mit seinem Herrn gelungen. Dem konnte er manchmal gar nichts recht machen, und musste vieles entgelten, woran er unschuldig war, wie es oft geht. So kam einmal der Herr sehr verdrüsslich nach Hause, und setzte sich zum Mittagessen. Da war die Suppe zu heiß oder zu kalt, oder keines von beiden; aber genug, der Herr war verdrüsslich. Er fasste daher die Schüssel mit dem, was darinnen war, und warf sie durch das offene Fenster in den Hof hinab. Was tat der Diener? Kurz besonnen warf er das Fleisch, welches er eben auf den Tisch stellen wollte, mir nichts, dir nichts, der Suppe nach, auch in den Hof hinab, dann das Brot, dann den Wein, und endlich das Tischtuch mit allem, was noch darauf war, auch in den Hof hinab. »Verwegener, was soll das sein?« fragte der Herr, und fuhr mit drohendem Zorn von dem Sessel auf. Aber der Bediente erwiderte kalt und ruhig: »Verzeihen Sie mir, wenn ich Ihre Meinung nicht erraten habe. Ich glaubte nicht anders, als Sie wollten heute in dem Hof speisen. Die Luft ist so heiter, der Himmel so blau, und sehen Sie nur, wie lieblich der Apfelbaum blüht, und wie fröhlich die Bienen ihren Mittag halten.« – Diesmal die Suppe hinabgeworfen, und nimmer! Der Herr erkannte seinen Fehler, heiterte sich im Anblick des schönen Frühlingshimmels auf, lächelte heimlich über den schnellen Einfall seines Aufwärters, und dankte ihm im Herzen für die gute Lehre.

Missverstand

Im neunziger Krieg, als der Rhein auf jener Seite von französischen Schildwachen, auf dieser Seite von schwäbischen Kreissoldaten besetzt war, rief ein Franzos zum Zeitvertreib zu der deutschen Schildwache herüber: »Filu! Filu!« Das heißt auf gut deutsch: Spitzbube. Allein der ehrliche Soldat dachte an nichts so Arges, sondern meinte, der Franzose frage: Wie viel Uhr? und gab gutmütig zur Antwort: *»Halber vieri.«*

Seltsamer Spazierritt

Ein Mann reitet auf seinem Esel nach Haus, und lässt seinen Buben zu Fuß nebenher laufen. Kommt ein Wanderer und sagt: »Das ist nicht recht, Vater, dass Ihr reitet, und lasst Euren Sohn laufen; Ihr habt stärkere Glieder.« Da stieg der Vater vom Esel herab, und ließ den Sohn reiten. Kommt wieder ein Wandersmann, und sagt: »Das ist nicht recht, Bursche, dass du reitest, und lässest deinen Vater zu Fuß gehen. Du hast jüngere Beine.« Da saßen beide auf, und ritten eine Strecke. Kommt ein dritter Wandersmann, und sagt: »Was ist das für ein Unverstand: Zwei Kerle auf *einem* schwachen Tiere; sollte man nicht einen Stock nehmen, und euch beide hinabja-

gen?« Da stiegen beide ab, und gingen selbdritt zu
Fuß, rechts und links der Vater und Sohn, und in
der Mitte der Esel. Kommt ein vierter Wandersmann, und sagt: »Ihr seid drei kuriose Gesellen. Ist's
nicht genug, wenn zwei zu Fuß gehen? Geht's nicht
leichter, wenn *einer* von euch reitet?« Da band der
Vater dem Esel die vordern Beine zusammen, und
der Sohn band ihm die hintern Beine zusammen,
zogen einen starken Baumpfahl durch, der an der
Straße stand, und trugen den Esel auf der Achsel
heim.

So weit kann's kommen, wenn man es allen Leuten
will recht machen.

Drei Wünsche

Ein junges Ehepaar lebte recht vergnügt und glücklich beisammen, und hatte den einzigen Fehler, der
in jeder menschlichen Brust daheim ist: Wenn man's
gut hat, hätt man's gerne besser. Aus diesem Fehler
entstehen so viele törichte Wünsche, woran es unserm *Hans* und seiner *Lise* auch nicht fehlte. Bald
wünschten sie des Schulzen Acker, bald des Löwen-
wirts Geld, bald des Meiers Haus und Hof und Vieh,
bald einmal hunderttausend Millionen bayerische
Taler kurzweg. Eines Abends aber, als sie friedlich am

Ofen saßen und Nüsse aufklopften, und schon ein tiefes Loch in den Stein hineingeklopft hatten, kam durch die Kammertür ein weißes Weiblein herein, nicht mehr als einer Elle lang, aber wunderschön von Gestalt und Angesicht, und die ganze Stube war voll Rosenduft. Das Licht löschte aus, aber ein Schimmer wie Morgenrot, wenn die Sonne nicht mehr fern ist, strahlte von dem Weiblein aus, und überzog alle Wände. Über so etwas kann man nun doch ein wenig erschrecken, so schön es aussehen mag. Aber unser gutes Ehepaar erholte sich doch bald wieder, als das Fräulein mit wundersüßer silberreiner Stimme sprach: »Ich bin eure Freundin, die Bergfei, *Anna Fritze*, die im kristallenen Schloss mitten in den Bergen wohnt, mit unsichtbarer Hand Gold in den Rheinsand streut, und über siebenhundert dienstbare Geister gebietet. Drei Wünsche dürft ihr tun; drei Wünsche sollen erfüllt werden.« Hans drückte den Ellenbogen an den Arm seiner Frau, als ob er sagen wollte: Das lautet nicht übel. Die Frau aber war schon im Begriff, den Mund zu öffnen, und etwas von ein paar Dutzend goldgestickten Hauben, seidenen Halstüchern und dergleichen zur Sprache zu bringen, als die Bergfei sie mit aufgehobenem Zeigefinger warnte: »Acht Tage lang«, sagte sie, »habt Ihr Zeit. Bedenkt Euch wohl, und übereilt Euch nicht.« Das ist kein Fehler, dachte der Mann, und legte seiner Frau die Hand auf den Mund. Das Bergfräulein aber verschwand. Die

Lampe brannte wie vorher, und statt des Rosendufts zog wieder wie eine Wolke am Himmel der Öldampf durch die Stube.

So glücklich nun unsere guten Leute in der Hoffnung schon zum voraus waren, und keinen Stern mehr am Himmel sahen, sondern lauter Bassgeigen; so waren sie jetzt doch recht übel dran, weil sie vor lauter Wunsch nicht wussten, ten, was sie wünschen wollten, und nicht einmal das Herz hatten, recht daran zu denken oder davon zu sprechen, aus Furcht, es möchte für gewünscht passieren, ehe sie es genug überlegt hätten. Nun sagte die Frau: »Wir haben ja noch Zeit bis am Freitag.«

Des andern Abends, während die Kartoffeln zum Nachtessen in der Pfanne prasselten, standen beide, Mann und Frau, vergnügt an dem Feuer beisammen, sahen zu, wie die kleinen Feuerfünklein an der rußigen Pfanne hin und her züngelten, bald angingen, bald auslöschten, und waren, ohne ein Wort zu reden, vertieft in ihrem künftigen Glück. Als sie aber die gerösteten Kartoffeln aus der Pfanne auf das Plättlein anrichteten, und ihr der Geruch lieblich in die Nase stieg: – »Wenn wir jetzt nur ein gebratenes Würstlein dazu hätten«, sagte sie in aller Unschuld, und ohne an etwas anders zu denken, und – o weh, da war der erste Wunsch getan. – Schnell wie ein Blitz kommt und vergeht, kam es wieder wie Morgenrot und Rosenduft untereinander durch das Kamin herab, und auf den Kartoffeln lag die schönste Bratwurst. – Wie gewünscht so geschehen. – Wer sollte sich über einen solchen Wunsch und seine Erfüllung nicht ärgern? Welcher Mann über solche Unvorsichtigkeit seiner Frau nicht unwillig werden?

»Wenn dir doch nur die Wurst *an der Nase angewachsen wäre*«, sprach er in der ersten Überraschung, auch in aller Unschuld, und ohne an etwas anders zu denken – und wie gewünscht, so geschehen. Kaum war das letzte Wort gesprochen, so saß die Wurst auf der Nase des guten Weibes fest, wie angewachsen in Mutterleib, und hing zu beiden Seiten hinab wie ein Husarenschnauzbart.

Nun war die Not der armen Eheleute erst recht groß. Zwei Wünsche waren getan und vorüber, und noch waren sie um keinen Heller und um kein Weizenkorn, sondern nur um eine böse Bratwurst reicher. Noch war ein Wunsch zwar übrig. Aber was half nun aller Reichtum und alles Glück zu einer solchen Nasenzierat der Hausfrau? Wollten sie wohl oder übel, so mussten sie die Bergfei bitten, mit unsichtbarer Hand Barbiersdienste zu leisten, und Frau Lise wieder von der vermaledeiten Wurst zu befreien. Wie gebeten, so geschehen, und so war der dritte Wunsch auch vorüber, und die armen Eheleute sahen einander an, waren der nämliche Hans und die nämliche Lise nachher wie vorher, und die schöne Bergfei kam niemals wieder.

Merke: Wenn dir einmal die Bergfei also kommen sollte, so sei nicht geizig, sondern wünsche

Numero eins: Verstand, dass du wissen mögest, was du

Numero zwei wünschen sollest, um glücklich zu werden. Und weil es leicht möglich wäre, dass du alsdann etwas wähltest, was ein törichter Mensch nicht hoch anschlägt, so bitte noch

Numero drei: um beständige Zufriedenheit und keine Reue.

Oder so:

Alle Gelegenheit, glücklich zu werden, hilft nichts, wer den Verstand nicht hat, sie zu benutzen.

Der schlaue Pilgrim

Vor einigen Jahren zog ein Müßiggänger durch das Land, der sich für einen frommen Pilgrim ausgab, gab vor, er komme von Paderborn, und laufe geraden Wegs zum Heil. Grab nach Jerusalem, fragte schon in Müllheim an der Post: »Wie weit ist es noch nach Jerusalem?« Und wenn man ihm sagte: »Siebenhundert Stunden; aber auf dem Fußweg über Mauchen ist es eine Viertelstunde näher«, so ging er, um auf dem langen Weg eine Viertelstunde zu ersparen, über Mauchen. Das wäre nun so übel nicht. Man muss einen kleinen Vorteil nicht verachten, sonst kommt man zu keinem großen. Man hat öfter Gelegenheit, einen Batzen zu ersparen oder zu gewinnen, als einen Gulden. Aber 15 Batzen sind auch ein Gulden, und wer auf einem Wege von 700 Stunden nur allemal an 5 Stunden weiß eine Viertelstunde abzukürzen, der hat an der ganzen Reise gewonnen – wer rechnet aus, *wie viel*. Allein unser verkleideter Pilgrim dachte nicht ebenso, sondern weil er nur dem Müßiggang und guten Essen nachzog, so war es ihm einerlei, wo er war. Ein Bettler kann nach dem alten Sprichwort nie verirren, muss in ein schlechtes Dorf kommen, wenn er nicht mehr darin bekommt, als er unterwegs an den Sohlen zerreißt, zumal wenn er barfuß geht. Unser Pilgrim aber dachte doch immer darauf, so bald als möglich wieder an die Landstraße zu kommen, wo reiche Häuser stehen, und gut gekocht wird. Denn der Halunke war nicht zufrieden, wie ein rechter Pilgrim sein soll, mit gemeiner Nahrung, die ihm von einer mitleidigen und frommen Hand gereicht wurde, sondern wollte nichts fressen als nahrhafte Kieselsteinsuppen. Wenn er nämlich irgendwo so ein braves Wirtshaus an der Straße stehen sah, wie zum Exempel das Posthaus in Krotzingen, oder den Baselstab in Schliengen, so ging er hinein und bat ganz demütig und hungrig um ein gutes Wassersüpplein von Kieselsteinen, um Gottes willen, Geld habe er keines. – Wenn nun die mitleidige Wirtin zu ihm sagte: »Frommer Pilgram, die Kieselsteine könnten Euch hart im Magen liegen!« so sagte er: »Eben deswegen! Die Kieselsteine halten länger an, als Brot, und der Weg nach Jerusalem ist weit. Wenn Ihr mir aber ein Gläslein Wein dazu bescheren wollt, um Gottes willen, so könnt ich's freilich besser verdauen.« Wenn aber die Wirtin sagte: »Aber, frommer Pilgram, eine solche Suppe kann Euch doch unmöglich Kraft geben!« So antwortete er: »Ei, wenn Ihr anstatt des Wassers wolltet Fleischbrühe dazu nehmen, so wär's freilich nahrhafter.« Brachte nun die Wirtin eine solche Suppe, und sagte: »Die Tünklein sind doch nicht so gar weich geworden«, so sagte er: »Ja, und die Brühe sieht gar dünn aus. Hättet Ihr nicht ein paar Gabeln voll Gemüs darein, oder ein Stücklein Fleisch, oder beides?« Wenn ihm nun die mitleidige Wirtin auch noch Gemüs und Fleisch in die Schüssel legte, so sagte er: »Vergelt's Euch Gott! Gebt mir jetzt Brot, so will ich die Suppe essen.« Hierauf streifte er die Ärmel seines Pilgergewandes zurück, setzte sich, und griff an das Werk mit Freuden, und wenn er Brot und Wein und Fleisch und Gemüs und die Fleischbrühe aufgezehrt hatte bis auf den letzten Brosamen, Faser und Tropfen, so wischte er den Mund am Tischtuch oder an dem Ärmel ab, oder auch gar nicht, und sagte: »Frau Wirtin, Eure Suppe hat mich rechtschaffen gesättigt, so dass ich die schönen Kieselsteine nicht einmal mehr zwingen kann. Es ist schade dafür! Aber hebt sie auf. Wenn ich wiederkomme, so will ich Euch eine heilige Muschel mitbringen ab dem Meeresstrand von Askalon, oder eine Rose von Jericho.«

Schlechter Lohn

Als im letzten preußischen Krieg der Franzos nach Berlin kam, in die Residenzstadt des Königs von Preußen, da wurde unter anderm viel königliches Eigentum weggenommen, und fortgeführt oder verkauft. Denn der Krieg bringt nichts, er holt. Was noch so gut verborgen war, wurde entdeckt und manches davon zur Beute gemacht, doch nicht alles. Ein großer Vorrat von königlichem Bauholz blieb lange unverraten und unversehrt. Doch kam zuletzt noch ein Spitzbube von des Königs eigenen Untertanen, dachte, da ist ein gutes Trinkgeld zu verdienen, und zeigte dem französischen Kommandanten mit schmunzlicher Miene und spitzbübischen Augen an, was für ein schönes Quantum von eichenen und tannenen Baustämmen noch da und da beisammenliege, woraus manch tausend Gulden zu lösen wäre. Aber der brave Kommandant gab schlechten Dank für die Verräterei, und sagte: »Lasst Ihr die schönen Baustämme nur liegen, wo sie sind. Man muss dem Feind nicht sein Notwendigstes nehmen. Denn wenn Euer König wieder ins Land kommt, so braucht er Holz zu neuen Galgen für so ehrliche Untertanen, wie Ihr einer seid.«

Das muss der Rheinländische Hausfreund loben, und wollte gern aus seinem eigenen Wald ein paar Stämmlein auch hergeben, wenn's fehlen sollte.

Der Barbierjunge von Segringen

Man muss Gott nicht versuchen, aber auch die Menschen nicht. Denn im vorigen Spätjahr kam in dem Wirtshause zu Segringen ein Fremder von der Armee an, der einen starken Bart hatte, und fast wunderlich aussah, also, dass ihm nicht recht zu trauen war. Der sagt zum Wirt, eh er etwas zu essen oder zu trinken fordert: »Habt Ihr keinen Barbier im Ort, der mich rasieren kann?« Der Wirt sagt ja, und holt den Barbier. Zu dem sagt der Fremde: »Ihr sollt mir den Bart abnehmen, aber ich habe eine kitzliche Haut. Wenn Ihr mich nicht ins Gesicht schneidet, so bezahl ich Euch 4 Kronentaler. Wenn Ihr mich aber schneidet, so stech ich Euch tot. Ihr wäret nicht der erste.« Wie der erschrockene Mann das hörte (denn der fremde Herr machte ein Gesicht, als wenn es nicht vexiert wäre, und das spitzige, kalte Eisen lag auf dem Tisch), so springt er fort und schickt den Gesellen. Zu dem sagt der Herr das Nämliche. Wie der Gesell das Nämliche hört, springt er ebenfalls fort, und schickt den Lehrjungen. Der Lehrjunge lässt sich blenden von dem Geld, und denkt: »Ich wag's. Geratet es, und ich schneide ihn nicht, so kann ich mir für 4 Kronentaler einen neuen Rock auf die Kirchweihe kaufen, und einen Schnepper. Geratet's nicht, so weiß ich, was ich tue«, und rasiert den Herrn. Der Herr hält ruhig still, weiß nicht, in welcher entsetzlichen Todesgefahr er ist, und der verwegene Lehrjunge spaziert ihm auch ganz kaltblütig mit dem Messer im Gesicht und um die Nase herum, als wenn's nur um einen Sechser, oder im Fall eines Schnittes um ein Stücklein Zunder oder Fließpapier darauf zu tun wäre, und nicht um 4 Kronentaler und um ein Leben, und bringt ihm glücklich den Bart aus dem Gesicht ohne Schnitt und ohne Blut, und dachte doch, als er fertig war: Gottlob!

Als aber der Herr aufgestanden war, und sich im Spiegel beschaut und abgetrocknet hatte, und gibt dem Jungen die 4 Kronentaler, sagt er zu ihm: »Aber junger Mensch, wer hat dir den Mut gegeben, mich zu rasieren, so doch dein Herr und der Gesell sind fortgesprungen? Denn wenn du mich geschnitten hättest, so hätt ich dich erstochen.« Der Lehrjung aber bedankte sich lächelnd für das schöne Stück Geld, und sagte: »Gnädiger Herr, Ihr hättet mich nicht erstochen, sondern, wenn Ihr gezuckt hättet, und ich hätt Euch ins Gesicht geschnitten, so wär ich Euch zuvorgekommen, hätt Euch augenblicklich die Gurgel abgehauen, und wäre auf und davon gesprungen.« Als der fremde Herr das hörte, und an die Gefahr dachte, in der er gesessen war, ward er erst blass vor Schrecken und Todesangst, schenkte dem Burschen noch 1 Kronentaler extra, und hat seitdem zu keinem Barbier mehr gesagt: »Ich steche dich tot, wenn du mich schneidest.«

Der Husar in Neiße

Als im Anfang der französischen Revolution die Preußen mit den Franzosen Krieg führten, und durch die Provinz Champagne zogen, dachten sie nicht daran, dass sich das Blättlein wenden könnte, und der Franzos noch im Jahr 1806 nach Preußen kommen, und den ungebetenen Besuch wettmachen werde. Denn nicht jeder führte sich auf, wie es einem braven Soldaten in Feindesland wohl ansteht. Unter andern drang damals ein brauner preußischer Husar, der ein böser Mensch war, in das Haus eines friedlichen Mannes ein, nahm ihm all sein bares Geld, so viel war, und viel Geldswert, zuletzt auch noch das schöne Bett mit nagelneuem Überzug, und misshandelte

Mann und Frau. Ein Knabe von 8 Jahren bat ihn knieend, er möchte doch seinen Eltern nur das Bett wiedergeben. Der Husar stoßt ihn unbarmherzig von sich. Die Tochter lauft ihm nach, hält ihn am Dolman fest, und fleht um Barmherzigkeit. Er nimmt sie, und wirft sie in den Sodbrunnen, so im Hofe steht, und rettet seinen Raub. Nach Jahr und Tagen bekommt er seinen Abschied, setzt sich in der Stadt *Neiße* in Schlesien, denkt nimmer daran, was er einmal verübt hat, und meint, es sei schon lange Gras darüber gewachsen. Allein, was geschieht im Jahr 1806? Die Franzosen rücken in Neiße ein; ein junger Sergeant wird abends einquartiert bei einer braven Frau, die ihm wohl aufwartet. Der Sergeant ist auch brav, führt sich ordentlich auf, und scheint guter Dinge zu sein. Den andern Morgen kommt der Sergeant nicht zum Frühstück. Die Frau denkt: Er wird noch schlafen, und stellt ihm den Kaffee ins Ofenrohr. Als er noch immer nicht kommen wollte, ging sie endlich in das Stüblein hinauf, macht leise die Türe auf, und will sehen, ob ihm etwas fehlt.

Da saß der junge Mann wach und aufgerichtet im Bette, hatte die Hände ineinandergelegt, und seufzte, als wenn ihm ein groß Unglück begegnet wäre, oder als wenn er das Heimweh hätte, oder so etwas, und sah nicht, dass jemand in der Stube ist. Die Frau aber ging leise auf ihn zu, und fragte ihn: »Was ist Euch begegnet, Herr Sergeant, und warum seid Ihr so traurig?« Da sah sie der Mann mit einem Blick voll Tränen an, und sagte: die Überzüge dieses Bettes, in dem er heute nacht geschlafen habe, haben vor 18 Jahren seinen Eltern in Champagne angehört, die in der Plünderung alles verloren haben und zu armen Leuten geworden sein, und jetzt denke er an alles, und sein Herz sei voll Tränen. Denn er war der Sohn des geplünderten Mannes in Champagne, und kannte die Überzüge noch, und die roten Namensbuchstaben, womit sie die Mutter gezeichnet hatte, waren ja auch noch daran. Da erschrak die gute Frau, und sagte, dass sie dieses Bettzeug von einem braunen Husaren gekauft habe, der noch hier in Neiße lebe, und sie könne nichts dafür. Da stand der Franzose auf, und ließ sich in das Haus des Husaren führen, und kannte ihn wieder.

»Denkt Ihr noch daran«, sagte er zu dem Husaren, »wie Ihr vor 18 Jahren einem unschuldigen Mann in Champagne Hab und Gut, und zuletzt auch noch das Bett aus dem Hause getragen habt, und habt keine Barmherzigkeit gehabt, als Euch ein achtjähriger Knabe um Schonung anflehte; und an meine Schwester?« Anfänglich wollte der alte Sünder sich entschuldigen, es gehe bekanntlich im Krieg nicht alles wie es soll, und was der eine liegenlasse, hole doch ein anderer; und lieber nehme man's selber. Als er aber merkte, dass der Sergeant der nämliche sei, dessen Eltern er geplündert und misshandelt hatte; und als er ihn an seine Schwester erinnerte, versagte ihm vor Gewissensangst und Schrecken die Stimme, und er fiel vor dem Franzosen auf die zitternde Knie nieder, und konnte nichts mehr herausbringen, als: »*Pardon!*«, dachte aber: Es wird nicht viel helfen.

Der geneigte Leser denkt vielleicht auch: »Jetzt wird der Franzos den Husaren zusammenhauen«, und freut sich schon darauf. Allein das könnte mit der Wahrheit nicht bestehen. Denn wenn das Herz bewegt ist, und vor Schmerz fast brechen will, mag der Mensch keine Rache nehmen. Da ist ihm die Rache zu klein und verächtlich, sondern er denkt: Wir sind in Gottes Hand, und will nicht Böses mit Bösem vergelten. So dachte der Franzose auch, und sagte: »Dass du mich misshandelt hast, das verzeihe ich dir. Dass du meine Eltern misshandelt und zu armen Leuten gemacht hast, das werden dir meine Eltern verzeihen. Dass du meine Schwester in den Brunnen geworfen hast, und ist nimmer davongekommen, das verzeihe dir Gott.« – Mit diesen Worten ging er fort, ohne dem Husaren das Geringste zuleide zu tun, und es ward ihm in seinem Herzen wieder wohl. Dem Husaren aber war es nachher zumut, als wenn er vor dem Jüngsten Gericht gestanden wäre, und hätte keinen guten Bescheid bekommen. Denn er hatte von der Zeit an keine ruhige Stunde mehr, und soll nach einem Vierteljahr gestorben sein.

Merke: Man muss in der Fremde nichts tun, worüber man sich daheim nicht darf finden lassen.

Merke: Es gibt Untaten, über welche kein Gras wächst.

Ein Wort gibt das andere

Ein reicher Herr im Schwabenland schickte seinen Sohn nach Paris, dass er sollte Französisch lernen, und ein wenig gute Sitten. Nach einem Jahr oder drüber kommt der Knecht aus des Vaters Haus auch nach Paris. Als der junge Herr den Knecht erblickte, rief er voll Staunen und Freude aus: »Ei Hans, wo führt dich der Himmel her? Wie steht es zu Hause, und was gibt's Neues?« – *»Nicht viel Neues, Herr Wilhelm, als dass vor 10 Tagen Euer schöner Rabe krepiert ist, den Euch vor einem Jahr der Weidgesell geschenkt hat.«*

»O das arme Tier«, erwiderte Herr Wilhelm. »Was hat ihm denn gefehlt?«

»Drum hat er zu viel Luder gefressen, als unsere schönen Pferde fielen, eins nach dem andern. Ich hab's gleich gesagt.«

»Wie! Meines Vaters vier schöne Mohrenschimmel sind gefallen?« fragte der Herr Wilhelm. »Wie ging das zu?«

»*Drum sind sie zu sehr angestrengt worden mit Was-serführen, als uns Haus und Hof verbrannte, und hat doch nichts geholfen.*«

»Um Gottes willen!«, rief der Herr Wilhelm voll Schrecken aus. »Ist unser schönes Haus verbrannt? Wann das?«

»*Drum hat man nicht aufs Feuer achtgegeben an Ih-res Herrn Vaters seliger Leiche, und ist bei Nacht be-graben worden mit Fackeln. So ein Fünklein ist bald verzettelt.*«

»Unglückselige Botschaft!« rief voll Schmerz der Herr Wilhelm aus. »Mein Vater tot? Und wie geht's meiner Schwester?«

»*Drum eben hat sich Ihr Herr Vater seliger zu Tod gegrämt, als Ihre Jungfer Schwester ein Kindlein ge-bar, und hatte keinen Vater dazu. Es ist ein Büblein.*

Sonst gibt's just nicht viel Neues«, setzte er hinzu.

Moses Mendelssohn

Moses Mendelssohn war jüdischer Religion, und Handlungsbedienter bei einem Kaufmann, der das Pulver nicht soll erfunden haben. Dabei war er aber ein sehr frommer und weiser Mann, und wurde daher von den angesehensten und gelehrtesten Männern hochgeachtet und geliebt. Und das ist recht. Denn man muss um des Bartes willen den Kopf nicht verachten, an dem er wächst. Dieser Moses Mendelssohn gab unter anderm von der Zufriedenheit mit seinem Schicksal folgenden Beweis. Denn als eines Tages ein Freund zu ihm kam, und er eben an einer schweren Rechnung schwitzte, sagte dieser: »Es ist doch schade, guter Moses, und ist unverantwortlich, dass ein so verständiger Kopf, wie Ihr seid, einem Manne ums Brot dienen muss, der Euch das Wasser nicht bieten kann. Seid Ihr nicht am kleinen Finger gescheiter, als der am ganzen Körper, so groß er ist?« Einem andern hätt das im Kopf gewurmt, er hätte Feder und Dintenfass mit ein paar Flüchen hinter den Ofen geworfen, und seinem Herrn aufgekündet auf der Stelle. Aber der verständige Mendelssohn ließ das Dintenfass stehen, steckte die Feder hinter das Ohr, sah seinen Freund ruhig an, und sprach zu ihm also: »Das ist recht gut, wie es ist, und von der Vorsehung weise ausgedacht. Denn so kann mein Herr von meinen Diensten viel Nutzen ziehn, und ich habe zu leben. Wäre ich der Herr, und er mein Schreiber, ihn könnte ich nicht brauchen.«

Der Rekrut

Zum schwäbischen Kreiskontingent kam im Jahr 1795 ein Rekrut, so ein schöner wohlgewachsener Mann war. Der Offizier fragte ihn, wie alt er sei. Der Rekrut antwortete: »Einundzwanzig Jahr. Ich bin ein ganzes Jahr lang krank gewesen, sonst wär ich zweiundzwanzig.«

Einträglicher Rätselhandel

Von Basel fuhren eilf Personen in einem Schiffe den Rhein hinab. Ein Jude, der nach Schalampi wollte, bekam die Erlaubnis, sich in einen Winkel zu setzen, und auch mitzufahren, wenn er sich gut aufführen, und dem Schiffer achtzehn Kreuzer Trinkgeld geben wolle. Nun klingelte es zwar, wenn der Jude an die Tasche schlug, allein es war doch nur noch ein Zwölfkreuzerstück darin; denn das andere war ein messingener Knopf. Dessen ungeachtet nahm er die Erlaubnis dankbar an. Denn er dachte: »Auf dem Wasser wird sich auch noch etwas erwerben lassen. Es ist ja schon mancher auf dem Rhein reich worden.« Im Anfang und von dem Wirtshaus *Zum Kopf* weg war man sehr gesprächig und lustig, und der Jude in seinem Winkel, und mit seinem Zwerchsack an der Achsel, den er ja nicht ablegte, musste viel leiden, wie man's manchmal diesen Leuten macht und versündigt sich daran. Als sie aber schon weit an Hüningen und an der Schusterinsel vorbei waren, und an Märkt und an dem Isteiner Klotz und St. Veit vorbei, wurde einer nach dem andern stille und gähnten und schauten den langen Rhein hinunter, bis wieder einer anfing: »Mausche«, fing er an, »weißt du nichts, dass uns die Zeit vergeht. Deine Väter müssen doch auch auf allerlei gedacht haben in der langen Wüste.« – Jetzt, dachte der Jude, ist es Zeit das Schäflein zu scheren, und schlug vor, man sollte sich in der Reihe herum allerlei kuriose Fragen vorlegen, und er wolle mit Erlaubnis auch mithalten. Wer sie nicht beantworten kann, soll dem Aufgeber ein Zwölfkreuzerstück bezahlen, wer sie gut beantwortet, soll einen Zwölfer bekommen. Das war der ganzen Gesellschaft recht, und weil sie sich an der Dummheit oder an dem Witz des Juden zu belustigen hofften, fragte jeder in den Tag hinein, was ihm einfiel. So fragte z. B. *der erste*: »Wie viel weichgesottene Eier konnte der Riese Goliath nüchtern essen?« – Alle sagten, das sei nicht zu erraten, und bezahlten ihre Zwölfer. Aber der Jud sagte: »*Eins*, denn wer *ein* Ei gegessen hat, isst das zweite nimmer nüchtern.« Der Zwölfer war gewonnen.

Der *andere* dachte: Wart Jude, ich will dich aus dem *Neuen* Testament fragen, so soll mir dein Zwölfer nicht entgehen. »Warum hat der Apostel Paulus den zweiten Brief an die Korinther geschrieben?« Der Jud sagte: »Er wird nicht bei ihnen gewesen sein, sonst hätt er's ihnen mündlich sagen können.« Wieder ein Zwölfer.

Als der *dritte* sah, dass der Jude in der Bibel so gut beschlagen sei, fing er's auf eine andere Art an: »Wer zieht sein Geschäft in die Länge, und wird doch zu rechter Zeit fertig?« Der Jud sagte: »Der *Seiler*, wenn er fleißig ist.«

Der *vierte*. »Wer bekommt noch Geld dazu, und lässt sich dafür bezahlen, wenn er den Leuten etwas weiß macht?« Der Jud sagte: »Der *Bleicher*.«

Unterdessen näherte man sich einem Dorf, und einer sagte: »Das ist Bamlach.« Da fragte der *fünfte*: »In welchem Monat essen die Bamlacher am wenigsten?« Der Jud sagte: »Im *Hornung*, denn der hat nur 28 Tage.«

Der *sechste* sagt: »Es sind zwei leibliche Brüder, und doch ist nur einer davon mein *Vetter*.« Der Jud sagte: »Der Vetter ist Eures Vaters Bruder. Euer *Vater* ist nicht Euer Vetter.«

Ein Fisch schnellte in die Höhe, so fragt der *siebente*: »Welche Fische haben die Augen am nächsten beisammen?« Der Jud sagte: »Die kleinsten.«

Der *achte* fragt: »Wie kann einer zur Sommerszeit im Schatten von Bern nach Basel reiten, wenn auch die Sonne noch so heiß scheint?« Der Jud sagt: »Wo kein Schatten ist, muss er absteigen und zu Fuße gehn.«

Fragt der *neunte*: »Wenn einer im Winter von Basel nach Bern reitet, und hat die Handschuhe vergessen, wie muss er's angreifen, dass es ihn nicht an die Hand friert?« Der Jud sagt: »Er muss aus der Hand eine Faust machen.«

Fragt der *zehnte*: »Warum schlüpfet der Küfer in die Fässer?« Der Jud sagt: »Wenn die Fässer Türen hätten, könnte er aufrecht hineingehen.«

Nun war noch der *eilfte* übrig. Dieser fragte: »Wie können fünf Personen fünf Eier teilen, also dass jeder eins bekomme, und doch eins in der Schüssel bleibe?« Der Jude sagte: »Der letzte muss die Schüssel samt dem Ei nehmen, dann kann er es darin liegen lassen, solang er will.«

Jetzt war die Reihe an ihm selber, und nun dachte er erst einen guten Fang zu machen. Mit viel Komplimenten und spitzbübischer Freundlichkeit fragte er: »Wie kann man zwei Forellen in drei Pfannen backen, also dass in jeder Pfanne *eine* Forelle liege.« Das brachte abermal keiner heraus und einer nach dem andern gab dem Hebräer seinen Zwölfer.

Der Hausfreund hätte das Herz, allen seinen Lesern, von Mailand bis nach Kopenhagen die nämliche Frage aufzugeben, und wollte ein hübsches Stück Geld daran verdienen, mehr als am Kalender, der ihm nicht viel einträgt. Denn als die eilfe verlangten, er sollte ihnen für ihr Geld das Rätsel auch auflösen, wand er sich lange bedenklich hin und her, zuckte die Achsel, drehte die Augen. »Ich bin ein armer Jud«, sagte er endlich. Die andern sagten: »Was sollen diese Präambeln? Heraus mit dem Rätsel!« – »Nichts für ungut!« – war die Antwort – »dass ich gar ein armer Jüd bin.« – Endlich nach vielem Zureden, dass er die Auflösung nur heraus sagen sollte, sie wollten ihm nichts daran übelnehmen; griff er in die Tasche, nahm einen von seinen gewonnenen Zwölfern heraus, legte ihn auf das Tischlein, so im Schiffe war, und sagte: »Dass ich's auch nicht weiß. Hier ist mein Zwölfer!«

Als das die andern hörten, machten sie zwar große Augen, und meinten, so sei's nicht gewettet. Weil sie aber doch das Lachen selber nicht verbeißen konnten, und waren reiche und gute Leute, und der hebräische Reisegefährte hatte ihnen von Kleinen Kems bis nach Schalampi die Zeit verkürzt, so ließen sie es gelten, und der Jud hat aus dem Schiff getragen – das soll mir ein fleißiger Schüler im Kopf ausrechnen: Wie viel Gulden und Kreuzer hat der Jud aus dem Schiff getragen? Einen Zwölfer und einen messingenen Knopf hatte er schon. Eilf Zwölfer hat er mit Erraten gewonnen, eilf mit seinem eigenen Rätsel, einen hat er zurückbezahlt, und dem Schiffer 18 Kreuzer Trinkgeld entrichtet.

Der geheilte Patient

Reiche Leute haben trotz ihrer gelben Vögel doch manchmal auch allerlei Lasten und Krankheiten auszustehen, von denen gottlob der arme Mann nichts weiß, denn es gibt Krankheiten, die nicht in der Luft stecken, sondern in den vollen Schüsseln und Gläsern, und in den weichen Sesseln und seidenen Bettern, wie jener reiche Amsterdamer ein Wort davon reden kann. Den ganzen Vormittag saß er im Lehnsessel und rauchte Tabak, wenn er nicht zu träge war, oder hatte Maulaffen feil zum Fenster hinaus, aß aber zu Mittag doch wie ein Drescher, und die Nachbarn sagten manchmal: »Windet's draußen, oder schnauft der Nachbar so?« – Den ganzen Nachmittag aß und trank er ebenfalls bald etwas Kaltes bald etwas Warmes, ohne Hunger und ohne Appetit, aus lauter Langerweile bis an den Abend, also, dass man bei ihm nie recht sagen konnte, wo das Mittagessen aufhörte und wo das Nachtessen anfing. Nach dem Nachtessen legte er sich ins Bett, und war so müd, als wenn er den ganzen Tag Steine abgeladen, oder Holz gespalten hätte. Davon bekam er zuletzt einen dicken Leib, der so unbeholfen war, wie ein Maltersack. Essen und Schlaf wollte ihm nimmer schmecken, und er war lange Zeit, wie es manchmal geht, nicht recht gesund und nicht recht krank; wenn man aber ihn selber hörte, so hatte er 365 Krankheiten, nämlich alle Tage eine andere. Alle Ärzte, die in Amsterdam sind, mussten ihm raten. Er verschluckte ganze Feuereimer voll Mixturen, und ganze Schaufeln voll Pulver, und Pillen wie Enteneier so groß, und man nannte ihn zuletzt scherzweise nur die zweibeinige Apotheke. Aber alle Arzneien halfen ihm nichts, denn er folgte nicht, was ihm die Ärzte befahlen, sondern sagte: »Fouder, wofür bin ich ein reicher Mann, wenn ich soll leben wie ein Hund, und der Doktor will mich nicht gesund machen für mein Geld?« Endlich hörte er von einem Arzt, der 100 Stund weit weg wohnte, der sei so geschickt, dass die Kranken gesund werden, wenn er sie nur recht anschaue, und der Tod geh ihm aus dem Weg, wo er sich sehen lasse. Zu dem Arzt fasste der Mann ein Zutrauen, und schrieb ihm seinen Umstand. Der Arzt merkte bald was ihm fehle, nämlich nicht Arznei, sondern Mäßigkeit und Bewegung, und sagte: »Wart, dich will ich bald kuriert haben.« Deswegen schrieb er ihm ein Brieflein folgenden Inhalts: »Guter Freund, Ihr habt einen schlimmen Umstand, doch wird Euch zu helfen sein, wenn Ihr folgen wollt. Ihr habt ein bös Tier im Bauch, einen Lindwurm mit sieben Mäulern. Mit dem Lindwurm muss ich selber reden, und Ihr müsst zu mir kommen. Aber fürs Erste so dürft Ihr nicht fahren oder auf dem Rösslein reiten, sondern auf des Schuhmachers Rappen, sonst schüttelt Ihr den Lindwurm und er beißt Euch die Eingeweide ab, sieben Därme auf einmal ganz entzwei. Fürs andere dürft Ihr nicht mehr essen, als zweimal des Tages einen Teller voll Gemüs, mittags ein Bratwürstlein dazu, und nachts ein Ei, und am Morgen ein Fleischsüpplein mit Schnittlauch drauf. Was Ihr mehr esset, davon wird nur der Lindwurm größer, also dass er Euch die Leber erdrückt, und der Schneider hat Euch nimmer viel anzumessen, aber der Schreiner. Dies ist mein Rat, und wenn Ihr mir nicht folgt, so hört Ihr im andern Frühjahr den Gukuk nimmer schreien. Tut was Ihr wollt!« Als der Patient so mit ihm reden hörte, ließ er sich sogleich den andern Morgen die Stiefel salben und machte sich auf den Weg, wie ihm der Doktor befohlen hatte. Den ersten Tag ging es so langsam, dass wohl eine Schnecke hätte können sein Vorreiter sein, und wer ihn grüßte, dem dankte er nicht, und wo ein Würmlein auf der Erde kroch, das zertrat er. Aber schon am zweiten und am dritten Morgen kam es ihm vor, als wenn die Vögel schon lange nimmer so lieblich gesungen hätten wie heut, und der Tau schien ihm so frisch und die Kornrosen im Feld so rot, und alle Leute, die ihm begegneten, sahen so freundlich aus, und er auch, und alle Morgen, wenn er aus der Herberge ausging, war's schöner, und er ging leichter und munterer dahin, und als er am 18. Tage in der Stadt des Arztes ankam, und den andern Morgen aufstand, war es ihm so wohl, dass er sagte: »Ich hätte zu keiner ungeschicktern

Zeit können gesund werden als jetzt, wo ich zum Doktor soll. Wenn's mir doch nur ein wenig in den Ohren brauste, oder das Herzwasser lief mir.« Als er zum Doktor kam, nahm ihn der Doktor bei der Hand, und sagte ihm: »Jetzt erzählt mir denn noch einmal von Grund aus, was Euch fehlt.« Da sagte er: »Herr Doktor, mir fehlt gottlob nichts, und wenn Ihr so gesund seid wie ich, so soll's mich freuen.« Der Doktor sagte: »Das hat Euch ein guter Geist geraten, dass Ihr meinem Rat gefolgt habt. Der Lindwurm ist jetzt abgestanden. Aber Ihr habt noch Eier im Leib, deswegen müsst Ihr wieder zu Fuß heimgehen, und daheim fleißig Holz sägen, dass niemand sieht, und nicht mehr essen, als Euch der Hunger ermahnt, damit die Eier nicht ausschlupfen, so könnt Ihr ein alter Mann werden«, und lächelte dazu. Aber der reiche Fremdling sagte: »Herr Doktor, Ihr seid ein feiner Kauz, und ich versteh Euch wohl«, und hat nachher dem Rat gefolgt, und 87 Jahre, 4 Monate 10 Tage gelebt, wie ein Fisch im Wasser so gesund, und hat alle Neujahr dem Arzt 20 Dublonen zum Gruß geschickt.

Wie der Zundelfrieder eines Tages aus dem Zuchthaus entwich, und glücklich über die Grenzen kam

Eines Tages, als der Frieder den Weg aus dem Zuchthaus allein gefunden hatte, und dachte: »Ich will so früh den Zuchtmeister nicht wecken«, und als schon auf allen Straßen Steckbriefe voranflogen, gelangte er abends noch unbeschrieen an ein Städtlein an der Grenze. Als ihn hier die Schildwache anhalten wollte, wer er sei, und wie er hieße, und was er im Schilde führe; »könnt Ihr Polnisch?« fragte herzhaft der Frieder die Schildwache. Die Schildwache sagt: »Ausländisch kann ich ein wenig, ja! Aber Polnisches bin ich noch nicht darunter gewahr worden.« »Wenn das ist«, sagte der Frieder, »so werden wir uns schlecht gegeneinander explizieren können.« Ob kein Offizier oder Wachtmeister am Tor sei? Die Schildwache holt den Torwächter, es sei ein Polak an dem Schlagbaum, gegen den sie sich schlecht explizieren könne. Der Torwächter kam zwar, entschuldigte sich aber zum Voraus, viel Polnisch verstehe er auch nicht. »Es geht hiezuland nicht stark ab«, sagte er, »und es wird im ganzen Städtel schwerlich jemand sein, der kapabel wäre, es zu dolmetschen.« »Wenn ich das wüsste«, sagte der Frieder, und schaute auf die Uhr, die er unterwegs noch an einem Nagel gefunden hatte, »so wollte ich ja lieber noch ein paar Stunden zustrecken bis in die nächste Stadt. Um neun Uhr kömmt der Mond.« Der Torhüter sagte: »Es wäre unter diesen Umständen fast am besten, wenn Ihr gerade durchpassiertet, ohne Euch aufzuhalten, das Städtel ist ja nicht groß«, und war froh, dass er seiner los ward. Also kam der Frieder glücklich durch das Tor hinein. Im Städtlein hielt er sich nicht länger auf, als nötig war, einer Gans, die sich auf der Gasse verspätet hatte, ein paar gute Lehren zu geben. »In euch Gänse«, sagte er, »ist keine Zucht zu bringen. Ihr gehört, wenn's Abend ist, ins Haus oder unter gute Aufsicht.« Und so packte er sie mit sicherm Griff am Hals, und mir nichts dir nichts unter den Mantel, den er ebenfalls unterwegs von einem Unbekannten geliehen hatte. Als er aber an das andere Tor gelangte, und auch hier dem Landfrieden nicht traute, drei Schritte von dem Schilderhaus, als sich inwendig der Söldner rührte, schrie der Frieder mit herzhafter Stimme: *»Wer da!«*, der Söldner antwortete in aller Gutmütigkeit: *»Gut Freund!«* Also kam der Frieder glücklich wieder zum Städtlein hinaus, und über die Grenzen.

Die leichteste Todesstrafe

Man hat gemeint, die Güllotine sei's. Aber nein! Ein Mann, der sonst seinem Vaterland viele Dienste geleistet hatte, und bei dem Fürsten wohl angeschrieben war, wurde wegen eines Verbrechens, das er in der Leidenschaft begangen hatte, zum Tode verurteilt. Da half nicht Bitten, nicht Beten. Weil er aber sonst bei dem Fürsten wohl angeschrieben war, ließ ihm derselbe die Wahl, wie er am liebsten sterben wolle, denn welche Todesart er wählen würde, die sollte ihm werden. Also kam zu ihm in den Turm der Oberamtsschreiber: »Der Herzog will Euch eine Gnade erweisen. Wenn Ihr wollt gerädert sein, will er Euch rädern lassen; wenn Ihr wollt gehenkt sein, will er Euch henken lassen; es hängen zwar schon zwei am Galgen, aber bekanntlich ist er dreischläferig. Wenn Ihr aber wollt lieber Rattenpulver essen, der Apotheker hat. Denn welche Todesart Ihr wählen werdet, sagt der Herzog, die soll Euch werden. Aber sterben müsst Ihr, das werdet Ihr wissen.« Da sagte der Malefikant: »Wenn ich denn doch sterben muss, das Rädern ist ein biegsamer Tod, und das Henken, wenn besonders der Wind geht, ein beweglicher. Aber Ihr versteht's doch nicht recht. Meines Orts, ich habe immer geglaubt, der Tod aus Altersschwäche sei der sanfteste, und den will ich denn auch wählen, weil mir der Herzog die Wahl lässt, und keinen andern«, und dabei blieb er, und ließ sich's nicht ausreden. Da musste man ihn wieder laufen und fortleben lassen, bis er an Altersschwäche selber starb. Denn der Herzog sagte: »Ich habe mein Wort gegeben, so will ich's auch nicht brechen.«

Dies Stücklein ist von der Schwiegermutter, die niemand gerne umkommen lässt, wenn sie ihn retten kann.

Die Bekehrung

Zwei Brüder im Westfälinger Land lebten miteinander in Frieden und Liebe, bis einmal der jüngere lutherisch blieb, und der ältere katholisch wurde. Als der jüngere lutherisch blieb und der ältere katholisch wurde, taten sie sich alles Herzeleid an. Zuletzt schickte der Vater den katholischen als Ladendiener in die Fremde. Erst nach einigen Jahren schrieb er zum erstenmal an seinen Bruder. »Bruder«, schrieb er, »es geht mir doch im Kopf herum, dass wir nicht *einen* Glauben haben, und nicht in den nämlichen Himmel kommen sollen, vielleicht in gar keinen. Kannst du mich wieder lutherisch machen, wohl und gut, kann ich dich katholisch machen, desto besser.« Also beschied er ihn in den Roten Adler nach Neuwied, wo er wegen einem Geschäft durchreiste. »Dort wollen wir's ausmachen.« In den ersten Tagen kamen sie nicht weit miteinander. Schalt der Lutherische: »Der Papst ist der Antichrist«, schalt der Katholische: »Luther ist der Widerchrist.« Berief sich der Katholische auf den heiligen Augustin, sagte der Lutherische: »Ich hab nichts gegen ihn, er mag ein gelehrter Herr gewesen sein, aber beim ersten Pfingstfest zu Jerusalem war er nicht dabei.« Aber am Samstag aß schon der Lutherische mit seinem Bruder Fastenspeise. »Bruder«, sagte er, »der Stockfisch schmeckt nicht giftig zu den durchgeschlagenen Erbsen«; und abends ging schon der Katholische mit seinem Bruder in die lutherische Vesper. »Bruder«, sagte er, »euer Schulmeister singt keinen schlechten Tremulant.« Den andern Tag wollten sie miteinander zuerst in die Frühmesse, darnach in die lutherische Predigt, und was sie alsdann bis von heut über acht Tage der liebe Gott vermahnt, das wollten sie tun. Als sie aber aus der Vesper und aus dem Grünen Baum nach Hause kamen, ermahnte sie Gott, aber sie verstanden es nicht. Denn der Ladendiener fand einen zornigen Brief von seinem Herrn: »Augenblicklich setzt Eure Reise fort. Hab ich Euch auf eine Tridenter Kirchenversammlung nach Neuwied geschickt, oder sollt Ihr nicht vielmehr die Musterkarte reiten?« Und der andere fand einen Brief von seinem Vater: »Lieber Sohn komm heim sobald du kannst, du musst spielen.« Also gingen sie noch den nämlichen Abend unverrichteter Sachen auseinander, und dachten jeder für sich nach, was er von dem andern gehört hatte. Nach sechs Wochen schreibt der Jüngere dem Ladendiener einen Brief: »Bruder, deine Gründe haben mich unterdessen vollkommen überzeugt. Ich bin jetzt auch katholisch. Den Eltern ist es insofern recht. Aber dem Vater darf ich nimmer unter die Augen kommen.« Da ergriff der Bruder voll Schmerz und Unwillen die Feder: »Du Kind des Zorns und der Ungnade, willst du denn mit Gewalt in die Verdammnis rennen, dass du die seligmachende Religion verleugnest? Gestrigs Tags bin ich wieder lutherisch worden.« Also hat der katholische Bruder den lutherischen bekehrt, und der lutherische hat den katholischen bekehrt, und war nachher wieder wie vorher, höchstens ein wenig schlimmer.

Merke: Du sollst nicht über die Religion grübeln und düfteln, damit du nicht deines Glaubens Kraft verlierst. Auch sollst du nicht mit Andersdenkenden darüber disputieren, am wenigsten mit solchen, die es ebensowenig verstehen als du, noch weniger mit Gelehrten, denn die besiegen dich durch ihre Gelehrsamkeit und Kunst, nicht durch deine Überzeugung. Sondern du sollst deines Glaubens leben, und was gerade ist, nicht krumm machen. Es sei dann, dass dich dein Gewissen selber treibt zu schanschieren.

Baumzucht

Der Adjunkt tritt mit schwarzen Lippen, ohne dass er's weiß, mit blauen Zähnen und herabhängenden Schnüren an den Beinkleidern, zu dem Hausfreund. »Die Kirschen«, sagt er, »schmecken mir doch nie besser, als wenn ich selber frei und keck wie ein Vöglein auf den luftigen Baum kann sitzen, und essen frisch weg von den Zweigen die schönsten – auf einem Ast ich, auf einem andern ein Spatz.«

»Wir nähren uns doch alle«, sagt er, »an dem nämlichen großen Hausvaterstisch und aus der nämlichen milden Hand die Biene, die Grundel im Bach, der Vogel im Busch, das Rösslein und der Herr Vogt, der darauf reitet.«

»Hausfreund«, sagt der Adjunkt, »singt mir einmal in Eurer Weise das Liedlein vom Kirschbaum. Ich will dazu pfeifen auf dem Blatt.«

Der lieb Gott het zum Frühlig gseit:
»Gang, deck im Würmli au si Tisch!«
Druf het der Chries-Baum Blätter treit,
viel tausig Blätter grün und frisch.

Und's Würmli usem Ey verwachts,
's het gschlofen in si'm Winterhuus,
es streckt si, und spert 's Müüli uf,
und ribt die blöden Augen us.

Und druf se hets mit stillem Zahn
am Blättli g'nagt enander no
und gseit: »Wie ist das Gemües so gut!
Me chunnt schier nimme weg dervo.«

Und wieder het der lieb Gott gseit:
»Deck jez im Imli au si Tisch.«
Druf het der Chriesbaum Blüethe treit,
viel tausig Blüethe wiiß und frisch.

Und 's Immli siehts und fliegt druf los,
früeih in der Sunne Morge-Schin.
Es denkt: »Das wird mi Caffe sy,
si hen doch chosper Porzelin.

Wie sufer sin die Chächeli gschwenkt!«
Es streckt si trochche Züngli dri.
Es trinkt und seit: »Wie schmeckts so süeß,
do mueß der Zucker wohlfel sy.«

Der lieb Gott het zum Summer gseit:
»Gang, deck im Spätzli au si Tisch!«
Druf het der Chriesbaum Früchte treit.
Viel tausig Chriesi roth und frisch.

Und 's Spätzli seit: »Isch das der B'richt?
do sizt me zu, und frogt nit lang.
Das git mer Chraft in Mark und Bei',
und stärkt mer d'Stimm zum neue Gsang.«

»Hausfreund«, sagt der Adjunkt, »hat Euch auch manchmal der Feldschütz verjagt ab den Kirschbäumen in Eurer Jugend? Und habt Ihr, wenn's noch so dunkel war, den Weg doch gefunden auf die Zwetschgenbäume im Pfarrgarten zu Schopfen, und Äpfel und Nüsse eingetragen auf den Winter, wie meiner Frau Schwiegermutter ihr Eichhörnlein, das sie Euch geschenkt hat? Man denkt doch am längsten dran, was einem in der Jugend begegnet ist.«

»Das geht natürlich zu«, sagt der Hausfreund, »man hat am längsten Zeit daran zu denken.«

Der lieb Gott het zum Spötlig gseit:
»Ruum ab! sie hen jez alli g'ha.«
Druf het e chüele Bergluft gweiht,
und 's het scho chleini Rife g'ha,

Und d'Blättli werde gel und roth
und fallen eis im andere no
und was vom Boden obsi chunnt,
mueß au zum Bode nidsi go.

Der lieb Gott het zum Winter gseit:
»Deck weidli zu, was übrig ist.«
Druf het der Winter Flocke gstreut –

»Hausfreund«, sagt der Adjunkt, »Ihr seid ein wenig heiser. Wenn ich die Wahl hätte ein eigenes Kühlein oder ein eigener Kirschbaum, oder Nussbaum, lieber ein Baum.«

Der Hausfreund sagt: »Adjunkt, Ihr seid ein schlauer Gesell. Ihr denkt, wenn ich einen eigenen Baum hätte, so hätt ich auch einen eigenen Garten, oder Acker, wo der Baum darauf steht. Eine eigene Haustür wäre auch nicht zu verachten, aber mit einem eigenen Kühlein auf seinen vier Beinen könntet Ihr übel dran sein.«

»Das ist's eben«, sagt der Adjunkt, »so ein Baum frisst keinen Klee und keinen Haber. Nein er trinkt still wie ein Mutterkind den nährenden Saft der Erde, und saugt reines warmes Leben aus dem Sonnenschein, und frisches aus der Luft, und schüttelt die Haare im Sturm. Auch könnte mir das Kühlein zeitlich sterben. Aber so ein Baum wartet auf Kinder und Kindeskinder mit seinen Blüten, mit seinen Vogelnestern und mit seinem Segen. Die Bäume wären die glücklichsten Geschöpfe, meint der Adjunkt, wenn sie wüssten, wie frei und lustig sie wohnen, wie schön sie sind im Frühling und in ihrem Christkindleinsstaat im Sommer, und alles stehenbleibt und sie betrachtet und Gott dankt, oder wenn der Wanderer ausruht in ihrem Schatten, und ein Pfeiflein Tabak genießt, oder ein Stücklein Käs, und wie sie gleich dem Kaiser Wohltaten austeilen können, und jung und alt froh machen umsonst, und im Winter allein nicht heimgehen. Nein sie bleiben draußen und weisen den Wandersmann zurecht, wenn Fahrwege und Fußpfade verschneit sind: Rechts – jetzt links – jetzt noch ein wenig links über das Berglein.«

»Hausfreund«, sagt der Adjunkt, »wenn Ihr einmal Vogt werdet, Stabhalter seid Ihr schon, oder gar Kreisrat, das Alter hättet Ihr, so müsst Ihr Euere Untergebenen fleißig zur Baumzucht und zur Gottseligkeit anhalten, und ihnen selber mit einem guten Beispiel voranleuchten. Ihr könnt Euerer Gemeinde keinen größeren Segen hinterlassen. Denn ein Baum, wenn er gesetzt oder gezweigt wird, kostet nichts oder wenig, wenn er aber groß ist, so ist er ein Kapital für die Kinder, und trägt dankbare Zinsen. Die Gottseligkeit aber hat die Verheißung dieses und des zukünftigen Lebens.«

»Wenn ich mir einmal so viel bei Euch erworben habe«, sagt der Adjunkt zum Hausfreund, »dass ich mir ein eigenes Gütlein kaufen, und meiner Frau Schwiegermutter ihre Tochter heiraten kann, und der liebe Gott beschert mir Nachwuchs, so setze ich jedem meiner Kinder ein eigenes Bäumlein, und das Bäumlein muss heißen wie das Kind, Ludwig, Johannes, Henriette, und ist sein erstes eigenes Kapital und Vermögen, und ich sehe zu, wie sie miteinander wachsen und gedeihen, und immer schöner werden, und wie nach wenig Jahren das Büblein selber auf sein Kapital klettert und die Zinsen einzieht. Wenn mir aber der liebe Gott eines von meinen Kindern

nimmt, so bitte ich den Herrn Pfarrer oder den De-
kan, und begrabe es unter sein Bäumlein, und wenn
alsdann der Frühling wiederkehrt, und alle Bäume
stehen wie Auferstandene von den Toten in ihrer
Verklärung da, voll Blüten und Sommervögel und
Hoffnung, so lege ich mich an das Grab, und rufe
leise hinab: ›Stilles Kind, dein Bäumlein blüht. Schlafe du indessen ruhig fort! Dein Maitag bleibt dir auch
nicht aus.‹«

Er ist kein unwäger Mensch, der Adjunkt.

Die Tabaksdose

In einer niederländischen Stadt in einem Wirtshaus
waren viele Leute beisammen, die einander einesteils
kannten, zum Teil auch nicht. Denn es war ein Markt-
tag. Den Zundelfrieder kannte niemand. »Gebt mir
auch noch ein Schöpplein«, sagte ein dicker bürger-
lich gekleideter Mann zu dem Wirt und nahm eine
Prise Tabak aus einer schweren silbernen Dose. Da
sah der Zundelfrieder zu, wie ein windiger gewürfel-
ter Gesell sich zu dem dicken Mann stellte, ein Gespräch mit ihm anfing und ein paarmal, wie von ungefähr nach der Rocktasche schaute, in welche der
Mann die Dose gesteckt hatte. Was gilt's, dachte der
Frieder, der führt auch etwas im Schild? Anfänglich

stand der Gesell. Hernach ließ er ein Schöpplein kommen, setzte sich auch auf den Bank und sprach mit dem Dicken allerlei kuriose Sachen, woran dieser Mann viel Spaß fand. Endlich kam ein Dritter. »Exküse«, sagt der Dritte, »kann man auch noch ein wenig Platz hier haben?« Also rückte der windige Gesell ganz nahe an den dicken Mann hin, und diskurierte immerfort. »Ja«, sagte er, »ich habe mich ein Rechtes verwundert, als ich in dieses Land kam und sah, wie die Windmühlen so flätig vom Winde umgetrieben werden. Bei mir zu Lande geht das ganze Jahr kein Lüftlein. Also muss man die Windmühlen anlegen, wo die Wachteln ihren Strich haben. Wenn nun im Frühjahr die Million tausend Wachteln kommen, vom Meer her aus Afrika, und fliegen über die Mühlenräder, so fangen die Mühlen an zu gehen, und wer in dieser Zeit nicht kann mahlen lassen, hat das ganze Jahr kein Mehl im Haus.« Darüber geriet der dicke Mann so ins Lachen, dass ihm fast der Atem verging, und unterdessen hatte der schlaue Gesell die Dose. »Aber jetzt hört auf«, sagte der Dicke. »Es tut mir weh im Kreuz«, und schenkte ihm von seinem Wein auch ein Glas ein. Als der Spitzbube ausgetrunken hatte, sagte er: »Der Wein ist gut. Er treibt. Exküse«, sagte er zu dem Dritten, der vorne an ihm saß, »lasst mich einen Augenblick heraus!« Den Hut hatte er schon auf. Als er aber zur Tür hinausging, und fortwollte, ging ihm der Zundelfrieder nach, nahm ihn draußen auf die Seite, und sagte zu ihm: »Wollt Ihr mir auf der Stelle meines Herrn Schwagers seine silberne Dose herausgeben? Meint Ihr, ich hab's nicht gemerkt. Oder soll ich Lärmen machen? Ich hab Euch schonen wollen vor den vielen Leuten, die drin in der Stube sitzen.« Als nun der Dieb sah, dass er verraten sei, gab er zitternd dem Frieder die Dose her, und bat ihn vor Gott und nach Gott, stille zu sein. »Seht«, sagte der Frieder, »in solche Not kann man kommen, wenn man auf bösen Wegen geht. Euer Leben lang lasst es Euch zur Warnung dienen. Unrecht Gut faselt nicht. Ehrlich währt am längsten.« Den Hut hatte der Frieder auch schon auf. Also gab er dem Gesellen noch eine Prise Tabak aus der Dose, und trug sie hernach zu einem Goldschmied.

Der listige Quäker

Die Quäker sind eine Sekte zum Exempel in England, fromme, friedliche und verständige Leute, wie hierzuland die Wiedertäufer ungefähr, und dürfen vieles nicht tun nach ihren Gesetzen, nicht schwören, nicht das Gewehr tragen, vor niemand den Hut abziehn, aber reiten dürfen sie, wenn sie Pferde haben. Als einer von ihnen einmal abends auf einem gar schönen stattlichen Pferd nach Haus in die Stadt wollte reiten, wartet auf ihn ein Räuber mit kohlschwarzem Gesicht ebenfalls auf einem Ross, dem man alle Rippen unter der Haut, alle Knochen, alle Gelenke zählen konnte, nur nicht die Zähne, denn sie waren alle ausgebissen, nicht am Haber, aber am Stroh. »Kind Gottes«, sagte der Räuber, »ich möchte meinem armen Tier da, das sich noch dunkel an den Auszug der Kinder Israel aus Ägypten erinnern kann, wohl auch ein so gutes Futter gönnen, wie das Eurige haben muss dem Aussehen nach. Wenn's Euch recht ist, so wollen wir tauschen. Ihr habt doch keine geladene Pistole bei Euch, aber ich.« Der Quäker dachte bei sich selbst: »Was ist zu tun? Wenn alles fehlt, so hab ich zu Haus noch ein zweites Pferd, aber kein zweites Leben.« Also tauschten sie miteinander und der Räuber ritt auf dem Ross des Quäkers nach Haus, aber der Quäker führte das arme Tier des Räubers am Zaum. Als er aber gegen die Stadt und an die ersten Häuser kam, legte er ihm den Zaum auf den Rücken und sagte: »Geh voraus, Lazarus, du wirst deines Herrn Stall besser finden, als ich.« Und so ließ er das Pferd vorausgehen und folgte ihm nach Gasse ein, Gasse aus, bis es vor einer Stalltüre stehenblieb. Als es stehenblieb und nimmer weiterwollte, ging er in das Haus und in die Stube, und der Räuber fegte gerade den Ruß aus dem Gesicht mit einem wollenen Strumpf. »Seid Ihr wohl nach Haus gekommen?« sagte der Quäker. »Wenn's Euch recht ist, so wollen

wir jetzt unsern Tausch wieder aufheben, er ist ohne-
dem nicht gerichtlich bestätigt. Gebt mir mein Rösslein wieder, das Eurige steht vor der Tür.« Als sich
nun der Spitzbube entdeckt sah, wollte er wohl oder
übel, gab er dem Quäker sein gutes Pferd zurück.
»Seid so gut«, sagte der Quäker, »und gebt mir jetzt
auch noch zwei Taler Rittlohn; ich und Euer Rösslein
sind miteinander zu Fuß spaziert.« Wollte der Spitzbube wohl oder übel, musst er ihm auch noch zwei
Taler Rittlohn bezahlen. »Nicht wahr, das Tierlein
läuft einen sanften Trab«, sagte der Quäker.

Der große Schwimmer

Vor dem leidigen Krieg, als man noch unangefochten
aus Frankreich nach England reisen und in Dover ein
Schöpplein trinken, oder Zeug kaufen konnte zu einem Westlein, ging wöchentlich zweimal ein großes
Postschiff von Calais nach Dover durch die Meeren-
ge und wieder zurück. Denn dort ist das Meer zwischen beiden Ländern nur wenige Meilen breit. Aber
man musste kommen, eh das Schiff abfuhr, wenn
man mitfahren wollte. Dies schien ein Franzos aus
Gaskonien nicht zu wissen, denn er kam eine Viertelstunde zu spät, als man schon die Hühner eintat in
Calais, und der Himmel überzog sich mit Wolken.

»Soll ich jetzt ein paar Tage hier sitzen bleiben, und Maulaffen feilhaben, bis wieder eine Gelegenheit kommt? Nein«, dachte er, »ringer, ich gebe einem Schiffsmann ein 12-Sous-Stücklein und fahre dem Postschiff nach. Denn ein kleines Boot fährt geschwinder als das schwere Postschiff und holt es wohl ein.« Als er aber in dem offenen Fahrzeuge saß, »wenn ich daran gedacht hätte«, sagte der Schiffmann, »so hätt ich ein Spanntuch mitgenommen«; denn es fing an zu tröpfeln, aber wie? In kurzer Zeit strömte ein Regenguss der hohen Nacht herab, als wenn noch ein Meer von oben mit dem Meer von unten sich vermählen wollte. Aber der Gaskonier dachte: »Das gibt einen Spaß.« – »Gottlob«, sagte endlich der Schiffsmann, »ich sehe das Postschiff.« Als er nun an demselben angelegt hatte, und der Gaskonier war hinaufgeklettert und kam mitten in der Nacht und mitten im Meer auf einmal durch das Türlein hinein zu der Reisegesellschaft, die im Schiff saß, wunderte sich jeder, wo er herkomme, so spät, so allein, und so nass. Denn in einem solchen Meerschiff sitzt man wie in einem Keller und hört vor dem Gespräch der Gesellschaft, vor dem Geschrei der Schiffsleute, vor dem Getöse, vor dem Rauschen der Segel und Brausen der Wellen, nicht, was draußen vorgeht, und keinem dachte das Herz daran, dass es regnete. »Ihr seht ja aus«, sagte einer, »als wenn Ihr wäret gekielholt, das heißt, unter dem Schiff durchgezogen worden.« – »So? Meint Ihr«, sagte der Gaskonier, »man könne trocken schwimmen? Wenn *das* noch einer erfindet, so will ich's auch lernen, denn ich bin der Bote von Oleron, und schwimme alle Montage mit Briefen und Bestellungen nach dem festen Lande, weil's geschwinder geht. Aber jetzt hab ich etwas in England zu verrichten. Wenn's erlaubt ist«, fuhr er fort, »so will ich nun vollends mitfahren, weil ich euch glücklicherweise angetroffen habe. Es kann den Sternen nach nimmer weit sein nach Dover.« – »Landsmann«, sagte einer, und stieß eine Wolke von Tabaksrauch aus dem Mund (es war aber kein Landsmann, sondern ein Engländer), »wenn Ihr von Calais bis hierher geschwommen seid durch das Meer, so seid Ihr noch über den schwarzen Schwimmer in London.« – »Ich gehe keinem aus dem Weg«, sagte der Gaskonier. – »Wollt Ihr's mit ihm versuchen«, erwiderte der Engländer, »wenn ich hundert Louisdor auf Euch setze«, der Gaskonier sagte: »Mir an!« Reiche Engländer haben im Brauch, auf Leute, die sich in einer körperlichen Kunst hervortun, große Summen untereinander zu verwetten; deswegen nahm der Engländer im Schiff den Gaskonier auf seine Kosten mit sich nach London, und hielt ihm gut zu mit Essen und Trinken, dass er bei guten Kräften bliebe. »Mylord«, sagte er in London zu einem guten Freund, »ich habe einen Schwimmer mitgebracht vom Meer. Gilt's hundert Guineen: er schwimmt besser, als Euer Mohr?« Der gute Freund sagte: »Es gilt!« Den andern Tag erschienen beide mit ihren Schwimmern auf einem bestimmten Platz an dem Themsefluss, und viel hundert neugierige Menschen hatten sich versammelt, und wetteten noch extra, der eine auf den Mohr, der andere auf den Gaskonier, einen Schilling, sechs Schilling; eine, zwei, fünf, zehn, zwanzig Guineen, und der Mohr schlug den Gaskonier nicht hoch an. Als sich aber beide schon ausgekleidet hatten, band sich der Gaskonier mit einem ledernen Riemen noch ein Kistlein an den Leib, und sagte nicht warum, als wenn's so sein müsste. Der Mohr sagte: »Wie kommt Ihr mir vor? Habt Ihr so etwas dem großen Springer abgelernt, der Bleikugeln an die Füße binden musste, wenn er einen Hasen fangen wollte, damit er den Hasen nicht übersprang.« Der Gaskonier öffnete das Kistlein, und sagte: »Ich habe nur eine Flasche Wein darin, ein paar Knackwürste und ein Laiblein Brot. Ich wollt Euch *eben* fragen, wo Ihr Euere Lebensmittel habt. Denn ich schwimme jetzt geradeswegs den Themsefluss hinab in die Nordsee, und durch den Kanal ins Atlantische Meer nach Cadix, und wenn's nach mir geht, so kehren wir unterwegs nirgends ein, denn bis Montag, als den 16. muss ich wieder in Oleron sein. Aber in Cadix im Rösslein will ich morgen früh ein gutes Mittagessen bestellen, dass es fertig ist, bis Ihr nachkommt.« Der geneigte Leser hätte kaum gedacht, dass er sich auf diese Art aus der Affäre herauszichen würde. Aber der Mohr verlor Hören und Sehen. »Mit diesem Enterich«, sagte er zu seinem Herrn, »kann ich nicht in die Wette schwimmen. Tut was Ihr wollt«, und kleidete sich wieder an. Also war die Wette zu Ende, und der Gaskonier bekam von seinem Engländer, der ihn mitgebracht hatte, eine ansehnliche Belohnung, der Mohr aber wurde von jedermann ausgelacht. Denn ob man wohl merken mochte, dass es von dem Franzosen nur Spiegelfechterei war, so fand doch jedermann Vergnügen an dem kecken Einfall, und an dem unerwarteten Ausgang, und er wurde nachher von allen, die auf ihn gewettet hatten, noch vier Wochen lang in allen Wirtshäusern und Bierkneipen freigehalten, und bekannte, dass er noch sein Leben lang in keinem Wasser gewesen sei.

Dankbarkeit

In der Seeschlacht von Trafalgar, während die Kugeln sausten und die Mastbäume krachten, fand ein Matrose noch Zeit, zu kratzen, wo es ihn biss, nämlich auf dem Kopf. Auf einmal streifte er mit zusammengelegtem Daumen und Zeigefinger bedächtig an einem Haare herab, und ließ ein armes Tierlein, das er zum Gefangenen gemacht hatte, auf den Boden fallen. Aber indem er sich niederbückte, um ihm den Garaus zu machen, flog eine feindliche Kanonenkugel ihm über den Rücken weg, paff, in das benachbarte Schiff. Da ergriff den Matrosen ein dankbares Gefühl, und überzeugt, dass er von dieser Kugel wäre zerschmettert worden, wenn er sich nicht nach dem Tierlein gebücket hätte, hob er es schonend von dem Boden auf, und setzte es wieder auf den Kopf. »Weil du mir das Leben gerettet hast«, sagte er – »aber lass dich nicht zum zweitenmal attrapieren, denn ich kenne dich nimmer.«

Tod vor Schrecken

Als einmal der Hausfreund mit dem Doktor von Brassenheim an dem Kirchhof vorbeiging, deutete der Doktor auf ein frisches Grab und sagte: »Selbiger ist mir auch entwischt. *Den* haben seine Kameraden geliefert.«

Im Wirtshaus, wo die Schreiber beisammensaßen, bei einem lebhaften Disputat schlug einer von ihnen auf den Tisch. *»Und es gibt doch keine!«*, sagte er, – nämlich keine Gespenster und Erscheinungen. – *»Und ein altes Weib«*, fuhr er fort, *»ist der, der sich erschrecken lässt.«* Da nahm ihn ein anderer beim Wort und sagte: »Buchhalter, vermiss dich nicht, gilt's sechs Flaschen Burgunderwein, ich vergelstere dich, und sag dir's noch vorher.« Der Buchhalter schlug ein: »Es gilt.«

Jetzt ging der andere Schreiber zum Wundarzt: »Herr Landchirurgus, wenn Ihr einmal einen Leichnam zum Verschneiden bekommt, von dem Ihr mir einen Vorderarm aus dem Elnbogengelenk lösen könntet, so sagt mir's.« Nach einiger Zeit kam der Chirurgus: »Wir haben einen toten Selbstmörder bekommen, einen Siebmacher. Der Müller hat ihn aufgefangen am Rechen«, und brachte dem Schreiber den Vorderarm. »Gibt's noch keine Erscheinungen, Buchhalter?« – »Nein es gibt noch keine.« Jetzt schlich der Schreiber heimlich in des Buchhalters Schlafkammer und legte sich unter das Bett, und als sich der Buchhalter gelegt hatte, und eingeschlafen war, fuhr er ihm mit seiner eigenen warmen Hand über das Gesicht. Der Buchhalter fuhr auf und sagte, dann er wirklich ein besonnener und beherzter Mann war. »Was sind das für Possen? Meinst du ich merke dich nicht, dass du die Wette gewinnen willst?« Der Schreiber war mausstille. Als der Buchhalter wieder eingeschlafen war, fuhr er ihm noch einmal über das Gesicht. Der Buchhalter sagte: »Jetzt lass es genug sein, oder wenn ich dich erwische, so schaue zu, wie es dir geht.« Zum drittenmal fuhr ihm der Schreiber langsam über das Gesicht; und als er schnell nach ihm haschte, und als er sagen wollte: »Hab ich dich«, blieb ihm eine kalte tote Hand und ein abgelöster Armstümmel in den Händen, und der kalte tötende Schrecken fuhr ihm tief in das Herz und in das Leben hinein. Als er sich wieder erholt hatte, sagte er mit schwacher Stimme: »Ihr habt, Gott sei es geklagt, die Wette gewonnen.« Der Schreiber lachte und sagte: »Am Sonntag trinken wir den Burgunder.« Aber der Buchhalter erwiderte: »Ich trink ihn nimmer mit.« Kurz, den andern Morgen hatte er ein Fieber, und den siebenten Morgen war er eine Leiche. »Gestern früh«, – sagte der Doktor zum Hausfreund, »hat man ihn auf den Kirchhof getragen; unter selbigem Grab liegt er, das ich Euch gezeigt habe.«

Hochzeit auf der Schildwache

Ein Regiment, das 6 Wochen lang in einem Dorfbezirk in Kantonierung gelegen war, bekam unversehens in der Nacht um 2 Uhr Befehl zum plötzlichen Aufbruch. Also war um 3 Uhr schon alles auf dem Marsch, bis auf eine einsame Schildwache draußen im Feld, die in der Eile vergessen wurde und stehenblieb. Dem Soldaten auf der einsamen Schildwache wurde jedoch zuerst die Zeit nicht lang, denn er schaute die Sterne an, und dachte: »Glitzert ihr solange ihr wollt, ihr seid doch nicht so schön, als zwei

Augen, welche jetzt schlafen in der untern Mühle.«
Gegen fünf Uhr jedoch dachte er: Es könnte jetzt
bald drei sein. Allein niemand wollte kommen, um
ihn abzulösen. Die Wachtel schlug, der Dorfhahn
krähte, die letzten Sterne, die selbigen Morgen noch
kommen wollten, waren aufgegangen, der Tag erwachte, die Arbeit ging ins Feld, aber noch stand unser Musketier unabgelöst auf seinem Posten. Endlich
sagte ihm ein Bauersmann, der auf seinen Acker wan-
delte, das ganze Bataillon sei ausmarschiert schon um
drei Uhr, kein Kamaschenknopf sei mehr im Dorf,
noch weniger der Mann dazu. Also ging der Musketier unabgelöst selber ins Dorf zurück. Des Hausfreunds Meinung wäre, er hätte jetzt den Doppel-
schritt anschlagen, und dem Regiment nachziehen
sollen. Allein der Musketier dachte: »Brauchen sie
mich nimmer, so brauch ich sie auch nimmer.« Zudem dachte er: »Es ist nicht zu trauen. Wenn ich un-
gerufen komme und mich selber abgelöst habe, so
kann's spanische Nudeln absetzen«, er meinte Röhrlein. Zudem dachte er: »Der untere Müller hat ein
hübsches Mägdlein, und das Mägdlein hat einen
hübschen Mund, und der Mund hat holde Küsse«,
und ob sonst schon etwas mochte geschehen sein,
geht den Hausfreund nichts an. Also zog er das blaue
Röcklein aus und verdingte sich in dem Dorf als Bau-
renknecht, und wenn ihn jemand fragte, so antwortete er, wie jener Hüninger Deserteur, es sei ihm ein

Unglück begegnet, sein Regiment sei ihm abhanden gekommen. Brav war der Bursche, hübsch war er auch, und die Arbeit ging ihm aus den Händen flink und recht. Zwar war er arm, aber desto besser schickte sich für ihn des Müllers Töchterlein, denn der Müller hatte Batzen. Kurz, die Heurat kam zustande. Also lebte das junge Paar in Liebe und Frieden glücklich beisammen und bauten ihr Nestlein. Nach Verlauf von einem Jahr aber, als er eines Tages von dem Felde heimkam, schaute ihn seine Frau bedenklich an, »Fridolin, es ist jemand dagewesen, der dich nicht freuen wird.« – »Wer?« – »Der Quartiermacher von deinem Regiment; in einer Stunde sind sie wieder da.« Der alte Vater lamentierte, die Tochter lamentierte, und sah mit nassen Augen ihren Säugling an. Denn überall gibt es Verräter. Der Fridolin aber nach kurzem Schrecken sagte: »Lasst mich gewähren. Ich kenne den Obrist.« Also zog er das blaue Röcklein wieder an, das er zum ewigen Andenken hatte aufbewahren wollen, und sagte seinem Schwiegervater, was er tun soll. Hernach nahm er das Gewehr auf die Achsel und ging wieder auf seinen Posten. Als aber das Bataillon eingerückt war, trat der alte Müller vor den Obristen. »Habt doch ein Einsehen, Herr General, mit dem armen Menschen, der vor einem Jahr auf den Posten gestellt worden ist draußen an der Waldspitze. Ist es auch permittiert eine Schildwache ein geschlagenes Jahr lang stehenzulassen auf dem nämlichen Fleck und nicht abzulösen.« Da schaut der Obrist den Hauptmann an, der Hauptmann schaute den Unteroffizier an, der Unteroffizier den Gefreiten, und die halbe Kompanie, alte gute Bekannte des Vermissten liefen hinaus, die einjährige Schildwache zu sehen, und wie der arme Mensch müsse zusammengeschmoret sein, gleich einem Borstdorfer Äpfelein, das schon vier Jahre am Baum hängt. Endlich kam auch der Gefreiter, der nämliche, der ihn vor zwölf Monaten auf den Posten geführt hatte und löste ihn ab: »Präsentiert das Gewehr, das Gewehr auf die Schulter, Marsch«, nach soldatischem Herkommen und Gesetz. Hernach musste er vor dem Obristen erscheinen, und seine junge hübsche Frau mit ihrem Säugling auf den Armen begleitete ihn, und mussten ihm alles erzählen. Der Obriste aber, der ein gütiger Herr war, schenkte ihm einen Federntaler, und half ihm hernach zu seinem Abschied.

Verloren oder gefunden

An einem schönen Sommerabend fuhr der Herr Vogt von Trudenbach in seinem Kaleschlein noch spät vom Brassenheimer Fruchtmarkt zurück, und das Rösslein hatte zwei zu ziehen, nämlich den Herrn Vogt und seinen Rausch. Unterwegs am Straßwirtshaus schauten noch ein paar lustige Köpfe zum Fenster heraus, ob der Herr Vogt nicht noch ein wenig einkehren, und eines Bescheid tun wolle; die Nacht sei mondhell. Der Herr Vogt scheute sich weniger vor dem Bescheid als vor dem Ab- und Aufsteigen in das Kaleschlein, maßen es ihm schon am Morgen schwer wird, aber am Abend fast unmöglich. Der Herr Theodor meinte zwar: »Wir wollen das Kaleschlein auf die Seite umlegen, und ihn abladen«, aber kürzer war es doch, man ging mit der Flasche zu ihm hinaus. Aus einer Flasche wurden vier und die Redensarten manquierten ihm immer mehr, bis ihm der Schlaf die Zunge und die letzte Besinnung band. Als er aber eingeschlafen war, führten die lustigen Köpfe das Rösslein in den Stall und ließen ihn auf der Straße sitzen. Früh aber, als ihn vor dem Fenster des Wirts die Wachtel weckte, kam er sich kurios vor, und wusste lange nicht, wo er sei und wo er sich befinde. Denn nachdem er sich eine Zeitlang umgesehen und die Augen ausgerieben hatte, sagte er endlich: »Jetzt kommt alles darauf an, ob ich der Vogt von Trudenbach bin, oder nicht. Denn bin ich's, so hab ich ein Rösslein verloren, bin ich's aber nicht, so hab ich ein Kaleschlein gefunden.«

Unverhofftes Wiedersehen

In Falun in Schweden küsste vor guten fünfzig Jahren und mehr ein junger Bergmann seine junge hübsche Braut und sagte zu ihr: »Auf Sankt Luciä wird unsere Liebe von des Priesters Hand gesegnet. Dann sind wir Mann und Weib, und bauen uns ein eigenes Nestlein.« – »Und Friede und Liebe soll darin wohnen«, sagte die schöne Braut mit holdem Lächeln, »denn du bist mein Einziges und alles, und ohne dich möchte ich lieber im Grab sein, als an einem andern Ort.« Als sie aber vor St. Luciä der Pfarrer zum zweitenmal in der Kirche ausgerufen hatte: *»So nun jemand Hindernis wüsste anzuzeigen, warum diese Personen nicht möchten ehelich zusammenkommen«* – da meldete sich der *Tod*. Denn als der Jüngling den andern Morgen in seiner schwarzen Bergmannskleidung an ihrem Haus vorbeiging, der Bergmann hat sein Totenkleid immer an, da klopfte er zwar noch einmal an ihrem Fenster, und sagte ihr guten Morgen, aber keinen guten Abend mehr. Er kam nimmer aus dem Bergwerk zurück, und sie saumte vergeblich selbigen Morgen ein schwarzes Halstuch mit rotem Rand für ihn zum Hochzeittag, sondern als er nimmer kam, legte sie es weg, und weinte um ihn und vergaß ihn nie. Unterdessen wurde die Stadt Lissabon in Portugal durch ein Erdbeben zerstört, und der Siebenjährige Krieg ging vorüber, und Kaiser

71

Franz der Erste starb, und der Jesuitenorden wurde aufgehoben und Polen geteilt, und die Kaiserin Maria Theresia starb, und der Struensee wurde hingerichtet, Amerika wurde frei, und die vereinigte französische und spanische Macht konnte Gibraltar nicht erobern. Die Türken schlossen den General Stein in der Veteraner Höhle in Ungarn ein, und der Kaiser Joseph starb auch. Der König Gustav von Schweden eroberte russisch Finnland, und die Französische Revolution und der lange Krieg fing an, und der Kaiser Leopold der Zweite ging auch ins Grab. Napoleon eroberte Preußen, und die Engländer bombardierten Kopenhagen, und die Ackerleute säeten und schnitten. Der Müller mahlte, und die Schmiede hämmerten, und die Bergleute gruben nach den Metalladern in ihrer unterirdischen Werkstatt. Als aber die Bergleute in Falun im Jahr 1809 etwas vor oder nach Johannis zwischen zwei Schachten eine Öffnung durchgraben wollten, gute dreihundert Ehlen tief unter dem Boden gruben sie aus dem Schutt und Vitriolwasser den Leichnam eines Jünglings heraus, der ganz mit Eisenvitriol durchdrungen, sonst aber unverwest und unverändert war; also dass man seine Gesichtszüge und sein Alter noch völlig erkennen konnte, als wenn er erst vor einer Stunde gestorben, oder ein wenig eingeschlafen wäre, an der Arbeit. Als man ihn aber zu Tag ausgefördert hatte, Vater und Mutter, Gefreundte und Bekannte waren schon lange tot, kein Mensch wollte den schlafenden Jüngling kennen oder etwas von seinem Unglück wissen, bis die ehemalige Verlobte des Bergmanns kam, der eines Tages auf die Schicht gegangen war und nimmer zurückkehrte. Grau und zusammengeschrumpft kam sie an einer Krücke an den Platz und erkannte ihren Bräutigam; und mehr mit freudigem Entzücken als mit Schmerz sank sie auf die geliebte Leiche nieder, und erst als sie sich von einer langen heftigen Bewegung des Gemüts erholt hatte, »es ist mein Verlobter«, sagte sie endlich, »um den ich fünfzig Jahre lang getrauert hatte, und den mich Gott noch einmal sehen lässt vor meinem Ende. Acht Tage vor der Hochzeit ist er unter die Erde gegangen und nimmer heraufgekommen.« Da wurden die Gemüter aller Umstehenden von Wehmut und Tränen ergriffen, als sie sahen die ehemalige Braut jetzt in der Gestalt des hingewelkten kraftlosen Alters und den Bräutigam noch in seiner jugendlichen Schöne, und wie in ihrer Brust nach 50 Jahren die Flamme der jugendlichen Liebe noch einmal erwachte; aber er öffnete den Mund nimmer zum Lächeln oder die Augen zum Wiedererkennen; und wie sie ihn endlich von den Bergleuten in ihr Stüblein tragen ließ, als die Einzige, die ihm angehöre, und ein Recht an ihn habe, bis sein Grab gerüstet sei auf dem Kirchhof. Den andern Tag, als das Grab gerüstet war auf dem Kirchhof und ihn die Bergleute holten, schloss sie ein Kästlein auf, legte sie ihm das schwarzseidene Halstuch mit roten Streifen um, und begleitete ihn alsdann in ihrem Sonntagsgewand, als wenn es ihr Hochzeittag und nicht der Tag seiner Beerdigung wäre. Denn als man ihn auf dem Kirchhof ins Grab legte, sagte sie: »Schlafe nun wohl, noch einen Tag oder zehen im kühlen Hochzeitbett, und lass dir die Zeit nicht lange werden. Ich habe nur noch wenig zu tun, und komme bald, und bald wird's wieder Tag. – Was die Erde einmal wiedergegeben hat, wird sie zum zweitenmal auch nicht behalten«, sagte sie, als sie fortging, und noch einmal umschaute.

Anmerkungen

8,22 *salveni:* lat. *salva venia* ›mit Erlaubnis‹.

9,3 *Scherben:* Blumentöpfen.

9,25 *Exküse:* Entschuldigung.

27,8 *Schnepper:* Lanzette zum Aderlassen.

29,4 *Dolman:* Uniformjacke.

37,20 *Vetter:* hier: Onkel.

40,2 *gelben Vögel:* Goldstücke.

41,7 *Fouder:* frz. *foudre* ›Blitz‹; hier etwa: Zum Donnerwetter.

44,8 *unbeschrieen:* unerkannt.

44,16 *explizieren:* verständigen.

44,23 f. *kapabel:* fähig.

46,21 *Malefikant:* Übeltäter.

48,24 *Musterkarte reiten:* als Handelsvertreter reisen.

48,26 *spielen:* hier: losen um die Aushebung zum Militärdienst.

49,25 *schanschieren:* frz. *changer* ›wechseln‹.

50,2 *Adjunkt:* Beamtengehilfe.

55,10 *unwäger:* übler.

60,3 *ringer:* (alem.) besser.

64,10 *attrapieren:* erwischen.

65,1 *vergelstere:* erschrecke.

67,20 f. *spanische … Röhrlein:* Gemeint ist die Prügelstrafe mit dem Rohrstock.

69,21 *Kaleschlein:* Kalesche: Kutsche.

70,12 *manquierten:* frz. *manquer* ›fehlen‹.

Nachwort

»Wenn auf der Sonne eine große, scharf geladene Kanone stünde, und der Konstabler, der sie richtet, zielte auf dich, so dürftest du deswegen in dem nämlichen Augenblick, als sie losgebrannt wird, noch herzhaft anfangen ein neues Haus zu bauen, und könntest ohne Anstand noch geschwinde heiraten, und Kinder erzeugen und ein Handwerk lernen lassen, und sie wieder verheiraten und vielleicht noch Enkel erleben« – denn die Kugel käme erst nach 25 Jahren auf der Erde an.

Wer »die seltene Gabe, das Volk auf eine angenehme und fassliche Art zu belehren«, derart vorzüglich besaß wie der Schreiber jener Zeilen, Kirchenrat Hebel, der war, so befand man an höchster Stelle 1806 in Karlsruhe, der Richtige, den bis dato unattraktiven »Badischen Landeskalender« unter dem neuen Titel *Rheinländischer Hausfreund* als neuer Herausgeber auf Vordermann zu bringen.

Johann Peter Hebel, am 10. Mai 1760 in Basel geboren (die Eltern standen im Dienst einer Basler Patrizierfamilie), früh verwaist, war, nach Theologiestudium und pädagogischer Tätigkeit, in der markgräflichen Kultusverwaltung aufgestiegen. Berühmt gemacht hatten ihn seine *Alemannischen Gedichte* (1803), mit denen er seiner oberländischen Heimat, die er durch viele Wanderungen gut kannte, und dem zwischen Schweiz und Breisgau gesprochenen Dialekt ein Denkmal setzte. Es sind kunstvoll gefügte, in Themen und Metren abwechslungsreiche Verse – etwa das kühne, großangelegte Hexameter-Idyll *Die Wiese*, das den Lauf des gleichnamigen Flusses von der Quelle zum Rhein mit dem Heranwachsen eines Mädchens zur Braut vergleicht, oder das fulminante Langgedicht *Die Vergänglichkeit*, wo ein Vater dem atemlos lauschenden Sohn bei nächtlicher Fuhr auf dem Ochsenkarren im Angesicht einer Ruine die unerbittliche Zerstörungskraft der Zeit klarmacht. Goethe, Jean Paul, Johann Heinrich Voß rühmten die Kraft dieser Lyrik und dieser Mundart.

Hebels Ruhm wuchs noch, als er zum Kalendermacher wurde, die Auflage sich verdoppelte und er 1811 das Beste daraus als *Schatzkästlein des Rheinischen Hausfreunds* herausgab. Es war der einmalige, kunstreich volkstümliche und menschenfreundliche Tonfall seiner Geschichten, der weit über die ursprünglich bäuerliche Leserschaft hinaus ein breites bürgerliches Publikum ansprach, berührte, erstaunte und entzückte. Schöpfend aus den verschiedensten Quellen von einst und jetzt, aus Anekdoten, Schwänken, »unerhörten Begebenheiten«, schuf er »eines der lautersten Werke deutscher Prosa-Goldschmiederei« (Walter Benjamin). Der »Hausfreund« unterhält und belehrt; spricht mit dem Leser, flicht Sentenzen ein (»Der Krieg bringt nichts, er holt«), schließt

(»Merke:«) oft mit einer Moral, die, ohne kirchliche Verengung, in gelassenem, humorvollen Abstand auf Humanität, Vernunft, Toleranz zielt. In bildkräftiger Sprache (der Arzt warnt den lebensgefährlich Völlernden, bald habe ihm »der Schneider nimmer viel anzumessen, aber der Schreiner«) behandeln seine Geschichten – die er zuweilen unter Verweis auf den »Adjunkt« und »die Schwiegermutter« als fiktive Gewährsleute mitteilt – eine Vielzahl von Themen, vom Kosmos bis zum Weizenkeim, von Napoleon bis zu dem Spitzbuben »Zundelfrieder«.

Wenn man 's Jahr »zweitusig zehlt«, so sagt der Vater in jenem Vergänglichkeits-Gedicht voraus, werde alles versunken sein. Aber die Geschichten von Johann Peter Hebel, der am 22. September 1826 in Schwetzingen starb (auf Heirat und damit Kinder und Enkel hatte er, ungleich dem auf die Kanonenkugel von der Sonne Wartenden, verzichtet), sind auch nach dem Jahr 2000 noch so frisch und spannungsvoll zu lesen wie damals.

Der vorliegenden Auswahl aus den Geschichten, die Hebel selber 1811 unter dem Titel *Schatzkästlein des Rheinischen Hausfreunds* herausgab, wurden noch einige weitere Kalenderbeiträge Hebels aus den Jahren 1812–19 hinzugefügt. Die Abfolge der Beiträge wurde jeweils beibehalten, mit Ausnahme des hier als erster und als letzter stehenden, die als die beiden schönsten Geschichten von Hebel den Auftakt und den Ausklang bilden. Der Text folgt der Gesamtausgabe des Winkler-Verlags (*Poetische Werke. Nach den Ausgaben letzter Hand und der Gesamtausgabe von 1834 unter Hinzuziehung der früheren Fassungen*, München 1961). Die Orthographie wurde, unter Wahrung des Lautstands, der heutigen amtlichen Rechtschreibung angepasst; in die Interpunktion wurde nur gelegentlich behutsam eingegriffen, um das Leseverständnis zu erleichtern.

Richard Müller-Schmitt